Darío López R.

PENTECOSTALISMO
Y
MISIÓN INTEGRAL

Teología del Espíritu
Teología de la Vida

EDICIONES
puma

PENTECOSTALISMO Y MISIÓN INTEGRAL
Teología del Espíritu, teología de la vida
© Darío López Rodríguez

© 2018 Centro de Investigaciones y Publicaciones (CENIP) – Ediciones Puma

Hecho el Depósito Legal en la Biblioteca Nacional del Perú N° 2018-14855
ISBN N° 978-9972-701-48-1

Primera edición, primera reimpresión, octubre 2018

Primera edición, agosto 2008

Editado por:
© 2018 Centro de Investigaciones y Publicaciones (CENIP) – Ediciones Puma
Av. 28 de Julio 314, Dpto. "G", Jesús María, Lima - Perú
Telf.: (511) 423-2772
E-mail: Administración: puma@cenip.org
          Perú: pedidos@edicionespuma.org
          Internacional: ventas@edicionespuma.org
web: www.edicionespuma.org
Ediciones Puma es un programa del Centro de Investigaciones y Publicaciones (CENIP)

Diseño de carátula: Eliezer Castillo
Diagramación: Hansel James Huaynate Ventocilla

Las citas bíblicas corresponden a la versión Reina–Valera 1960

A mis padres, Adela y Eugenio, cuyas ausencias alimentan la esperanza de encontrarnos nuevamente en la mesa del reino.

A mis hermanos y sobrinos que me recuerdan que el Dios de la vida camina entre nosotros.

CONTENIDO

Prefacio 7

Prólogo 11

Introducción 13

Capítulo 1 El bautismo en el Espíritu y la misión integral 17

Capítulo 2 La construcción de un rostro público 55

Capítulo 3 Formación teológica y misión integral. 83

Capítulo 4 Espiritualidad pentecostal. 95

Capítulo 5 Pentecostalismo y liberación integral 103

Bibliografía 121

PREFACIO

Con cierta ironía alguien ha señalado que en América Latina los teólogos de la liberación optaron por los pobres, pero los pobres optaron por los pentecostales. Este libro demuestra que en el movimiento pentecostal latinoamericano se está dando una importante fusión entre la opción por los pobres —un rasgo característico, aunque no exclusivamente, de la teología de la liberación— y una reflexión teológica enraizada en la revelación bíblica.

No es accidental que Darío López inicie su reflexión aquí con un estudio de Hechos 2, un capítulo que se encuentra en la lista pentecostal (si la hay) de pasajes predilectos de la Biblia. Su intención es clara: desde dentro de las filas pentecostales quiere "subrayar que la experiencia del Bautismo en el Espíritu exige encarnarse en el contexto de misión para, desde esta realidad concreta, dar testimonio de todo el consejo de Dios a todos los seres humanos". Aparece así, de entrada, la nota dominante de esta obra, que es la necesidad de una espiritualidad que se niega a separar lo religioso de lo secular y la fe de las obras, y que afirma una espiritualidad integral.

Como su título sugiere, esta obra es otro aporte a la creciente bibliografía sobre un tema que en las tres últimas décadas ha dado ricos frutos en el mundo de la teología evangélica latinoamericana —el tema de la misión integral. Como tal, comparte los mismos puntos de vista de las obras de teólogos que en su mayoría se han identificado con la Fraternidad Teológica Latinoamericana: la perspectiva trinitaria; el redescubrimiento del Reino de Dios, en sus dimensiones presente y futura, como la base para la misión de la iglesia; la centralidad de Jesucristo como Señor de la totalidad de la vida; la iglesia como una comunidad alternativa que encarna los valores del Reino de Dios y como agente de transformación integral; el compromiso social y político como aspectos esenciales de la misión de la iglesia; el énfasis en una espiritualidad que integra la fe con la vida, lo personal con lo comunitario, la justificación por la fe con la búsqueda de la justicia. Así, pues, esta es una obra *evangélica*.

A la vez, sin embargo, como reconoce el autor, hay varias maneras de ser evangélico, y una manera particular de serlo es la pentecostal. Esta obra, escrita por un pastor de la Iglesia de Dios (Cleveland), es por lo tanto *evangélica pentecostal*. Como tal, mantiene un marcado énfasis en la relación entre el Espíritu Santo y la misión. Por supuesto, difícilmente un cristiano de alguna otra denominación negaría que, como dice López, «[...] la experiencia de Pentecostés registrada en Hechos 2 resalta que el poder del Espíritu Santo es un poder que está vinculado y es inseparable del testimonio integral de la iglesia». El hecho es que para un autor pentecostal como el de esta obra, esa vinculación del Espíritu con la misión integral se constituye en una premisa fundamental. Por lo mismo, aunque el público al cual López se dirige en primera instancia es el de «[...] los sectores más informados de la familia pentecostal», su mensaje es extensivo a toda la comunidad cristiana sin distinciones denominacionales. Este es un aporte evangélico pentecostal a toda la Iglesia de Cristo.

En varios lugares a lo largo de la obra López hace referencia a los cambios que se están dando en el mundo evangélico en general y en el pentecostalismo en particular. Uno de los más significativos tiene que ver con la toma de conciencia del papel de los cristianos en relación con la situación socioeconómica y política en la que están llamados a vivir la fe y dar testimonio de

Jesucristo. Para responder a ese llamado, las teologías fraguadas en otras latitudes resultan terriblemente deficitarias. La tarea de articular una teología contextual es, por lo tanto, ineludible. Lo que López nos ofrece en esta obra es un valioso modelo de teología contextual enraizada en la revelación bíblica y a la vez atenta a las necesidades de nuestros pueblos, especialmente en las zonas periféricas de los centros urbanos o en las zonas rurales.

Quienquiera que se proponga hacer teología contextual en América Latina, tarde o temprano tiene que encarar la necesidad de tomar muy en serio las complejas cuestiones relativas a la responsabilidad cristiana en la arena política y en la defensa de los derechos humanos. ¿Qué lugar les corresponde a estas cuestiones en la misión cristiana? ¿Pueden los cristianos desentenderse de ellas a título de evitar la politización del Evangelio para dedicarse a la búsqueda de la "espiritualidad"? López no les saca el cuerpo a estas cuestiones: toma el toro por las astas y propone toda una agenda para una espiritualidad encarnada en la situación concreta. Unas más y otras menos, pero en todo caso *todas* sus sugerencias son realizables en el terreno de la práctica, lo cual es encomiable.

Hace cuatro décadas, José Míguez Bonino, en el prólogo a un libro escrito por Rubem Alves, afirmaba que «[...] la iglesia cristiana tiene una larga deuda con América Latina: cuatro siglos y medio de Cristianismo Católico Romano y uno de Protestantismo han producido el mínimo de pensamiento creador que estos pueblos tienen derecho de esperar de quienes sostienen haber recibido la misión de anunciar la Palabra de Dios a los hombres». Sin pretender que esa deuda haya sido cancelada totalmente, hoy es posible afirmar que se han hecho y se están haciendo pagos significativos para saldarla. Y al autor de este libro le corresponde un lugar de honor entre los que más han contribuido para lograr ese objetivo.

C. René Padilla
Buenos Aires, 16 de julio de 2008

PRÓLOGO

El antecedente de este libro sobre el movimiento pentecostal es uno que escribí hace cinco años atrás con el título *El nuevo rostro del pentecostalismo latinoamericano* (López 2002). Al haberse agotado la edición se ha preparado una nueva, con ciertos cambios que considero necesarios. Así, los dos primeros capítulos han sido totalmente revisados y actualizados, y el tercero se ha suprimido, debido a que en una nueva versión aparece en el libro *La seducción del poder: Los evangélicos y la política en el Perú de los noventa* (López 2004).

En esta nueva versión se han incorporado tres nuevos capítulos, en los cuales se tratan varios temas vinculados con los cambios que se han dado en el horizonte teológico de sectores significativos de las iglesias pentecostales. Estos nuevos capítulos, vistos en conjunto, hilvanan una agenda misionera mínima que tiene por horizonte la inserción de estas iglesias en el espacio público como parte de la sociedad civil organizada, sin dejar a un lado su especificidad religiosa. En tal sentido, tomando como caso de estudio a la Iglesia de Dios (Cleveland), se trabaja temas que van desde el análisis de los centros de formación teológica y su forma de gobierno, hasta temas relacionados con su identidad, su espiritualidad y su práctica social y política.

Quizás, para los sectores más informados de la familia pentecostal, no se diga nada nuevo en este libro. Sin embargo, la vasta mayoría del pueblo pentecostal podrá encontrar pistas para una mejor inserción misionera en su realidad histórica particular, insumos para la discusión colectiva acerca de su identidad y espiritualidad, o nuevas veredas por las cuales transitar como misioneros del Dios de la vida en las distintas avenidas sociales y políticas de su contexto histórico particular. Precisamente, para dialogar con ellos, se ha escrito estos trabajos, con la esperanza de que juntos caminemos el trecho que todavía nos falta recorrer como artesanos de la paz de Dios en el mundo convulsionado de este tiempo.

El título *Pentecostalismo y misión integral: teología del Espíritu, teología de la vida*, refleja la intención primaria que subyace en cada uno de los temas que se abordan, es decir, subraya que la experiencia del bautismo en el Espíritu exige encarnarse en el contexto de misión para, desde esa realidad concreta, dar testimonio de todo el consejo de Dios a todos los seres humanos. Se sobreentiende que para un discípulo lleno del Espíritu, no existe dicotomía entre lo espiritual y lo material, lo religioso y lo secular, lo privado y lo público, porque el propósito de Dios apunta a una reconciliación de todas las cosas. En consecuencia, formas "no tradicionales" de hacer misión, como la defensa de la dignidad humana de los pobres y los excluidos del mundo, así como la lucha contra la pobreza en sus diversas aristas, como la confrontación con la violencia institucionalizada, antes que intentos de "politizar" el evangelio, son una exigencia evangélica y una manera concreta de vivir en el Espíritu.

Darío Andrés López Rodríguez
Villa María del Triunfo, julio de 2008

INTRODUCCIÓN

Hace más de dos décadas atrás, reflexionando sobre la identidad de los evangélicos latinoamericanos, Samuel Escobar afirmaba que ser evangélico «era una forma especial de ser protestante» (Escobar 1982:16). A la luz de esa caracterización y, sin alterar su sentido, se puede decir también que *ser pentecostal es una forma especial de ser evangélico*. Es así porque las iglesias pentecostales de diverso trasfondo, son evangélicas tanto por su base doctrinal y herencia histórica como por su dinamismo misionero y vitalidad espiritual[1].

Sin embargo, lo señalado en el párrafo anterior, no significa que no existan ciertas particularidades que diferencian a las iglesias pentecostales de las otras que conforman la heterogénea comunidad evangélica latinoamericana; especialmente, por su

---

1 En palabras de un teólogo pentecostal: «Por principio y conforme a su expresión mayoritaria, el pentecostalismo afirma las doctrinas cardinales del cristianismo: La Trinidad, la encarnación y expiación de Jesucristo, la necesidad de la fe en Jesucristo para salvarse, la presencia y el poder del Espíritu Santo divino en todo auténtico creyente y la bienaventurada esperanza de que Cristo volverá para consumar el reinado de Dios» (Land 1996:530).

En la experiencia misionera de estas iglesias, se puede encontrar también lo que Samuel Escobar ha llamado las notas características del protestantismo evangélico latinoamericano: «[...] un énfasis en la conversión personal y en la vivencia individual de la fe [...], una pasión misionera y evangelizadora, un cierto puritanismo en cuestiones de conducta personal, y una concentración en aquellos aspectos de la doctrina que eran parte de la controversia con el catolicismo» (Escobar 1987:49).

énfasis en la persona y obra del Espíritu Santo como "motor" del testimonio personal y público de los creyentes y de las congregaciones locales. La espiritualidad de ellas se constituye así en la marca distintiva de esa *forma especial* de ser evangélicos que son los pentecostales.

En este tiempo de «multiplicación de las ofertas religiosas» (Bastian 1997:209) y de «desecularización del mundo» (Berger 1999:1–18), las iglesias pentecostales han experimentado también muchos cambios. Al interior de ellas existen sectores que en situaciones de crisis sociales y políticas, con una conciencia iluminada por las Escrituras y debido a la presión del contexto histórico en el que cumplen su misión, se han visto forzadas a ampliar su comprensión de la acción de Dios en el mundo. Además, han tenido que incorporar a su espiritualidad nuevas formas de dar testimonio de su fe en campos considerados, en otro momento, como "impropios" o "prohibidos" para su peregrinaje misionero colectivo.

Así, temas como la presencia de los creyentes en los movimientos sociales y la arena política, o asuntos como la incursión en la lucha por los derechos humanos y la participación en la defensa de la institucionalidad democrática en situaciones de crisis política, forman actualmente parte de la agenda misionera de un número creciente de iglesias pentecostales. No cabe duda que, si esta nueva conducta colectiva se compara con la actitud y práctica de ellas en años anteriores, se pueden notar los cambios producidos en su horizonte teológico y en su práctica social y política.

Los cinco capítulos que dan forma al presente volumen, cada uno de ellos distinto en el asunto que aborda y en el enfoque, pero cuyo tema común es un examen del movimiento pentecostal en sus aspectos teológicos y misiológicos particulares, intentan registrar y explicar parte del proceso de cambios que se ha venido dando en sectores significativos del pentecostalismo latinoamericano.

En el primer capítulo, tomando como base para la reflexión teológica el segundo capítulo del libro de Hechos de los Apóstoles, un pasaje considerado como la matriz desde la cual se articula la espiritualidad pentecostal y se enfatiza la actualidad de los dones del Espíritu Santo, se propone que estas iglesias deben mirar su experiencia del Espíritu, no únicamente teniendo como punto de referencia la primera sección de este capítulo (Hch 2.1–13), sino a la luz de todo el relato lucano (Hch 2.14–47), especialmente porque en Hechos 2, como paradigma normativo, se presenta un modelo de testimonio integral. Modelo en el que el bautismo en el Espíritu Santo está íntimamente vinculado a la confesión y proclamación pública de Jesús de Nazaret como Señor de todo el universo, así como a la participación en una comunidad visible de fe caracterizada por su inserción en el mundo y un vigor espiritual que produjo cambios notables en los individuos y transformaciones sociales en diversos contextos culturales.

En el segundo capítulo, teniendo en cuenta el caudal bibliográfico que existe actualmente sobre este sujeto religioso, se trazan líneas pastorales y pautas para la acción que pueden coadyuvar a que el pentecostalismo sea efectivamente un agente de transformación social, cuya presencia contribuya a generar nuevos patrones de relaciones sociales en nuestros países. Los dilemas a resolver para que ello ocurra pueden ser muchos, pero el fermento está allí, principalmente en las congregaciones locales, que son una suerte de sociedades alternativas en las cuales se valoran como a seres humanos de carne y hueso a todos aquellos que en las sociedades estamentales de este tiempo son considerados como los "harapientos" del mundo.

En el tercer capítulo, tomando como caso de estudio a la Iglesia de Dios (Cleveland), se hace una evaluación de la relación entre las congregaciones locales y los centros de formación teológica; un tema medular para el futuro del movimiento pentecostal como agente de transformación social, entre otras razones, porque la formación teológica de los pastores puede ser un factor de avance o retroceso para el testimonio integral de las congregaciones locales. Teniendo en cuenta este problema crítico, se propone una agenda con puntos mínimos que deben abordarse responsablemente si se desea que el rostro público de las iglesias pentecostales sea radicalmente distinto al que tienen actualmente en la mayoría de los países latinoamericanos.

En el cuarto capítulo se aborda el tema de la espiritualidad pentecostal, por un lado, examinando las distintas formas de entender la espiritualidad cristiana presentes en el ámbito evangélico latinoamericano, y por otro, revisando las prácticas habituales de las iglesias pentecostales, las cuales en ocasiones la han enajenado de su realidad histórica. Además, se proponen puntos de agenda ineludibles que pueden coadyuvar en la articulación de una espiritualidad integral más fiel al testimonio bíblico y, por lo tanto, más pertinente para nuestra realidad misionera.

Finalmente, en el último capítulo, se trata diversos temas conectados con la identidad, la teología, y la práctica social y política de los pentecostales. En otras palabras, se aborda la relación entre el sujeto religioso colectivo bajo escrutinio, con los diversos factores internos y externos que, de una u otra manera, perfilan su presencia misionera en la sociedad circundante. Aquí también, como en los otros capítulos, se puede encontrar pistas para tejer una agenda colectiva que contribuya a dibujar una nueva presencia misionera de las iglesias pentecostales, particularmente, dentro del espacio público.

Capítulo 1

EL BAUTISMO EN EL ESPÍRITU Y LA MISIÓN INTEGRAL

Una lectura contextual de Hechos 2

CUESTIONES PREVIAS

Hace varios años, Walter Hollenweger, considerado como el decano de los estudios sobre pentecostalismo, escribió en la dedicatoria de uno de sus libros: «A mis amigos y profesores del Movimiento Pentecostal que me enseñaron a amar la Biblia [...] y a mis profesores y amigos de la Iglesia Presbiteriana que me enseñaron a comprenderla [...]» (Hollenweger 1997:V). En realidad no se trataba de la primera ocasión en la cual el ilustre profesor Hollenweger expresaba estas palabras, pues una década antes había adelantado esa misma opinión en otro de sus libros (Hollenweger 1988:XVI).

¿La mayoría del pueblo pentecostal se preocupa solamente por enseñar a amar la Biblia, descuidando la comprensión de ella desde su realidad de miseria, opresión y explotación? ¿Es esto cierto para todos los sectores que conforman la heterogénea familia pentecostal? ¿Los pentecostales que han vivido y viven en situaciones límites, como los marcos temporales de violencia política extrema y de crisis económica, tienen solo una lectura "devocional" de la Biblia, con casi ninguna preocupación por entender su mensaje y aplicarlo a la coyuntura histórica de violencia, opresión y muerte en la que dan testimonio de su fe en el Señor crucificado y resucitado?

Las palabras del profesor Hollenweger parecen insinuar que los pentecostales sólo "sienten" pero no "piensan" o, en todo caso, sólo cultivan emociones y sentimientos, como el amor por la Palabra de Dios, pero tienen poco o escaso interés por el estudio de ella y la reflexión crítica. Sin embargo, la experiencia social y política de un número creciente de creyentes y de congregaciones pentecostales del Sur del mundo indica que ellos, además de sentir intensamente su fe en medio de los problemas de cada día, piensan también esa misma fe inmersos en una realidad concreta de miseria, opresión y explotación. Las líneas que siguen intentan dar cuenta de ese esfuerzo por comprender el mensaje de la Biblia que se viene dando en diversos sectores de las iglesias pentecostales, e intentan dar cuenta también de la teología contextual que se está articulando en la periferia del mundo.

En este esfuerzo interpretativo, el corazón (sentir) y la mente (pensar) no se perciben ni se entienden como partes separadas de la vida humana, sino como elementos inseparables e indivisibles de la experiencia religiosa de personas de carne y hueso que viven su fe en el mundo "hirviente" y complejo de estos días. Esto es así porque el lector o intérprete, para entender la Palabra de Dios, tiene que amar profundamente al dador de esa Palabra. Consecuentemente, la espiritualidad cristiana incluye tanto el sentir como el pensar, los cuales no tienen que excluirse mutuamente en toda auténtica devoción a Dios, pues tanto el amor como la verdad son dos de los fundamentos de una auténtica vida cristiana.

Sobre este asunto, John A. Mackay cuando comenta la experiencia de los dos discípulos de Jesús de Nazaret que se dirigían a la aldea de Emaús, según el relato de Lucas 24.13–35, subraya dos de los principios vertebrales en todo proceso de interpretación bíblica en el que la exégesis no se separa ni es ajena de una adoración reverente. Estas son sus palabras:

Después que hubo desaparecido de su vista, recordaron, al reflexionar más detenidamente, cómo aquella nueva luz que había llenado sus mentes en el camino, había hecho arder su corazón. Primero, la iluminación de la mente; luego, el corazón, ardiendo. Así fue entonces; así tiene que ser hoy (Mackay 1957:10).

Desde que Mackay escribió su libro *Prefacio a la teología cristiana* y, particularmente, la sección «El moderno camino a Emaús» en la que se encuentran las palabras citadas, han ocurrido muchos cambios significativos en el pentecostalismo latinoamericano. Como ya se ha señalado, actualmente en diversos sectores del pueblo pentecostal, se está gestando una nueva manera de leer las Escrituras en la cual la *iluminación de la mente* y el *corazón ardiendo* se entrelazan y fertilizan mutuamente. En tal sentido, se asume que creer también es pensar, así como creer también es sentir, ya que ambos —pensar y sentir— son dos pilares de una espiritualidad integral, fiel a la Palabra de Dios y pertinente para el contexto de misión[2].

Para nuestro caso particular, esta nueva manera de leer las Escrituras, se explicará a partir del análisis de Hechos 2, texto bíblico considerado como uno de los pilares sobre el que se asienta la propuesta teológica distintiva del movimiento pentecostal. Entre otras razones, porque a partir de este texto clave, se construye *el paradigma sobre el cual se modela la espiritualidad pentecostal* y porque, históricamente, el libro de los Hechos ha sido «la matriz principal a través de la cual ha sido comprendida la persona y la obra del Espíritu Santo» (Solivan 1998:112).

2　Un teólogo afirma que: «En la teología, tanto la mente como el corazón —el estudio y la oración— son importantes. Con la mente analizamos los datos y con el corazón esperamos iluminación [...] La mente tiende al análisis; el corazón sueña y escucha a Dios [...] Una de las bendiciones de la venida del Espíritu en Pentecostés fue darnos la habilidad para soñar y para ver visiones [...]» (Pinnock 1996:12).

EL MENSAJE DE HECHOS DE LOS APÓSTOLES

Todo intento por conocer e interpretar el mensaje de Hechos de los Apóstoles exige examinar, con mucho cuidado, una cuestión preliminar que un autor la ha planteado en los siguientes términos:

> Necesito decir algo sobre la diferencia entre las partes didácticas y las partes narrativas de la Escritura, y acerca de la importancia de dejar que sean las partes didácticas las que controlen nuestra interpretación de las partes narrativas [...] No estoy diciendo enfáticamente que las partes narrativas no tengan nada que enseñarnos a nosotros [...] ya que todo lo que les pasó a otros en anteriores momentos ha sido registrado para nuestra instrucción. La pregunta es: ¿Cómo debemos interpretar estos pasajes narrativos? [...] ¿Cómo debemos decidir? Aquí es dónde las partes didácticas tienen que guiarnos en nuestra evaluación e interpretación de las partes descriptivas [...] (Stott 1990:7–8).

Lo que plantea este autor, siendo una cuestión crítica que exige una respuesta precisa, no es nada fácil de encarar ni de resolver, ya que un pentecostal bien podría formular preguntas como: ¿Quién determina y cómo se determina cuáles son las partes didácticas y cuáles las partes narrativas del libro de Hechos? ¿Desde qué perspectiva teológica y desde qué realidad histórica en particular se interpreta el mensaje de este libro del Nuevo Testamento y se decide cuáles de sus partes son normativas y cuáles no tienen un valor permanente para las iglesias?

Cuando se responde a estas preguntas, no se debe olvidar que cada uno de nosotros tiene una perspectiva particular a partir de la cual aborda un texto, una metodología para analizarlo, y tiene también ciertas preocupaciones que pueden convertirse en filtros a través de los cuales se interpreta el texto bíblico. Como lo ha precisado un autor, no se debe perder de vista que el estudio de un texto antiguo no está totalmente libre de la influencia de las preconcepciones de la persona que estudia dicho texto (Marshall 1992:101). Sin embargo, más allá de los prejuicios teológicos propios o ajenos, la cuestión crítica planteada por John Stott no puede ser soslayada o ignorada, ya que su observación resulta ser de mucha utilidad como control hermenéutico —para pentecostales y no pentecostales— cuando se examinan los relatos registrados por Lucas en el libro de los Hechos.

¿Cuál es el tema clave o cuáles son los temas centrales en el libro de los Hechos? ¿Qué pertinencia tiene el mensaje de este documento del Nuevo Testamento para la vida y misión de las iglesias evangélicas contemporáneas? De acuerdo con un autor:

> La iglesia cristiana primitiva tuvo una característica fundamental que la marcó desde sus comienzos: *fue una comunidad misionera*. De hecho, esa fue una de las razones que, a la larga, la llevó a enfrentarse con las autoridades imperiales [...] El espíritu y celo misionero no representan un añadido o apéndice respecto del ser mismo de la iglesia cristiana. Hay entre ambas (es decir, entre la naturaleza de la iglesia y su misión) una relación tal que casi podría decirse que la desaparición de la misión significaría la muerte de la iglesia. Todo el Nuevo Testamento —y en particular, el libro de los Hechos— dan testimonio de ello (Bonilla 1998:12).

Entre los especialistas del Nuevo Testamento parece haber consenso sobre este asunto[3]. Incluso se sostiene que el alcance, la estructura y el contenido de los Hechos están dominados por la cuestión de la misión universal (Senior 1985:366). Así que, desde la perspectiva de los expertos, la historia registrada en los Hechos se hilvana teniendo como base la relación íntima entre la naturaleza de la iglesia y su misión.

Al respecto, el texto clave de Hechos 1.8, constituye una síntesis tanto de la estructura como del contenido de los Hechos. Sin embargo, el horizonte de este texto no se restringe

---

3 Wikenhauser 1981; Senior 1985; Segalla 1989; Stott 1990; Bosch 1993; Larkin 1995; Marshall 1996; Bruce 1998; González 2000.

a un mero asunto de expansión geográfica del evangelio, desde la región de Palestina, hasta lo último de la tierra. Esto es así porque en los escritos de Lucas, la geografía tiene una clara intención teológica que apunta al propósito universal de Dios de que la buena noticia de salvación sea escuchada por todos los seres humanos, de todos los pueblos, naciones y culturas. En tal sentido, acierta David Bosch cuando señala que la «íntima relación entre pneumatología y misión, es la contribución distintiva de Lucas al paradigma misionero» (Bosch 1993:114).

Un examen panorámico de los Hechos confirma esta observación, pues en la historia registrada por Lucas, se nota cómo el Espíritu escoge a los misioneros (Hch 1.1–2; 2.38–39; 6.1–7; 11.15–18; 13.1–2; 20.28; 28.25–28), los envía (Hch 1.8; 5.27–32; 8.29, 39; 10.19–20; 11.12; 13.4; 16.6, 10; 20.22–23), los equipa (Hch 1.8; 2.4; 4.29–33; 10.38; 13.6–12), traza la ruta de la misión (Hch 13.4; 15.28) y ensancha el horizonte de ésta (Hch 10.19–20; 11.12; 16.6–7, 9–10). Además, se nota cómo el testimonio de los misioneros llenos del Espíritu estuvo acompañado de señales, maravillas y prodigios (Hch 2.1–13, 42–47; 3.6–8; 4.32–37; 5.12, 15–16, 19; 6.8; 8.6–7, 13; 9.32–43; 11.27–28; 12.7; 13.9–12; 14.3; 15.12; 16.25–26; 19.11–12; 21.10–11; 28.1–10).

UNA LECTURA CRÍTICA DE HECHOS 2

Una simple observación de Hechos 2 indica que la estructura particular de este capítulo tiene tres partes bien definidas:

* El descenso del Espíritu Santo el día de Pentecostés (Hch 2.1–13).

* La explicación teológica que dio Pedro sobre esta experiencia a los diversos públicos humanos que estuvieron presentes en esa ocasión (Hch 2.14–41).

* Las consecuencias del descenso del Espíritu para la vida y misión de la comunidad de discípulos (Hch 2.42–47).

En las líneas que siguen examinaremos estas tres secciones, deteniéndonos especialmente en los temas conectados con la relación entre el bautismo en el Espíritu Santo y la misión integral, buscando hilvanar una propuesta de acción colectiva que coadyuve a dibujar un nuevo rostro público de las iglesias pentecostales latinoamericanas.

1. El descenso del Espíritu (Hch 2.1–13)

Luego de un tiempo de espera (Hch 1.14; 2.1), mientras estaban en un lugar conocido como el [...] *aposento alto* [...] (Hch 1.13)[4], la comunidad de discípulos tuvo una visitación especial de Dios. Como les había prometido Jesús resucitado (Lc 24.49; Hch 1.4–5), ellos fueron bautizados con el Espíritu Santo para que fuesen testigos (*mártures*) de Dios, más allá de Jerusalén, hasta lo último de la tierra (Hch 1.8). Así, desde un comienzo, Lucas subraya la estrecha relación que existe entre la venida del Espíritu Santo y el poder para el testimonio.

¿Qué temas entretejen esta sección clave del capítulo 2 de los Hechos? ¿Este pasaje puede ser considerado simplemente como una sección narrativa, no didáctica, del libro de los Hechos? ¿Cómo han leído y cómo leen los pentecostales el relato del descenso del Espíritu el día de Pentecostés? ¿Qué lecciones permanentes se pueden desprender de Hechos 2.1–13? Varios asuntos se desprenden del relato lucano. Veamos:

En primer lugar, Lucas enfatiza que el descenso del Espíritu no fue un evento programado, ni un suceso que dependió de la voluntad o la planificación humanas. La promesa había sido hecha a los discípulos, sobre ello no cabe duda, pero el tiempo y la ocasión estaban exclusivamente en las manos de Dios. En ese sentido, el descenso del Espíritu fue un evento encuadrado

---

4　Un autor sostiene que: «[...] los discípulos no estaban reunidos en el aposento alto sino en el Templo de Jerusalén [...]» (Stronstad 1999:55). Y otro afirma que: «El "lugar" donde los discípulos estaban en esta ocasión, la "casa" [2.2] no se especifica más precisamente; puede haber sido el aposento alto de 1.13, pero no hay modo de saberlo» (Bruce 1998:66).

en la soberanía de Dios, una experiencia que cogió de sorpresa a los discípulos reunidos en el aposento alto.

En segundo lugar, Lucas señala que hubo señales audibles y visibles de la presencia del Espíritu en medio de la comunidad de discípulos y, para dar cuenta de ello, utilizó en su relato analogías y metáforas como las de [...] *un viento recio que* [...] *llenó toda la casa* [...] (Hch 2.2), o [...] *lenguas repartidas, como de fuego* [...] (Hch 2.3). Aquí se debe precisar que tanto el viento como el fuego fueron manifestaciones visibles del evento fundamental, es decir, el descenso del Espíritu prometido como señal indudable del cumplimiento del día del Señor anunciado por los profetas del Antiguo Testamento. El viento tiene reminiscencias de la manera cómo el profeta Ezequiel simboliza la obra del Espíritu (Ez 37.9–14) y el fuego recuerda a lo anunciado por Juan el Bautista durante su breve ministerio profético (Lc 3.16)[5].

En tercer lugar, Lucas precisa que hubo una evidencia física a la que él denomina "hablar en otras lenguas (*glóssais*)". Más adelante, se registra que el mensaje de esas *glóssais* que hablaban todos los discípulos reunidos en el aposento alto[6], fueron entendidas por las personas provenientes de distintas regiones (Hch 2.8, 11). En tal sentido, la experiencia de Pentecostés deja constancia de que los discípulos comenzaron a hablar *las*

---

5   Aunque existen también razones para creer, como lo ha señalado un autor, que esta teofanía de Pentecostés tiene cierta relación con la teofanía del Monte Sinaí (Ex 19.16–18) cuando Dios le dio la Ley a Israel y estableció a ese pueblo como el pueblo del pacto (Stronstad 1999:57).

6   Ben Whiterington III sostiene que: «[...] no hay indicación de que este fenómeno fue solamente para los doce, por el contrario, el discurso de Pedro sugiere que el Espíritu empoderó a los testigos del Pueblo de Dios, incluyendo a los del estrato social mas bajo» (Whiterington 1998:132). Johannes Munck, por su parte, considera que lo más probable es que la palabra *todos*, se refiera a la totalidad de las personas reunidas en el aposento alto (Munck 1967:14). Justo González opina lo mismo: «En el versículo 1 se nos dice que estaban todos unánimes juntos. Este *todos*, y la misma palabra en el versículo 4, han de entenderse en el sentido de que no eran solamente los doce los que estaban presentes, sino también las mujeres y los demás que se indican en 1.13–15. Fue sobre todos estos, y no solamente sobre los doce, que descendió el Espíritu» (González 2000:62).

maravillas de Dios en unas lenguas que ellos recibieron de parte de Él y que, siendo galileos, no entendían; pero cuyo mensaje fue captado y entendido por otras personas (Hch 2.11)[7]. Según F. F. Bruce:

---

7 Experiencias similares en las que el poder del Espíritu Santo que cayó sobre un grupo de creyentes, se asocia al fenómeno de hablar en lenguas, magnificando a Dios o profetizando, se registra en Hechos 10.44–47 y Hechos 19.2–6. El relato de Lucas respecto a lo ocurrido tanto en la casa del gentil Cornelio como a los creyentes de la ciudad de Éfeso sugiere, por un lado, que ambos eventos estuvieron vinculados a determinados momentos en los que la visión misionera de la comunidad apostólica se fue ensanchando, por otro, que los nuevos discípulos necesitaban ser [...] *investidos de poder desde lo alto* (Lc 24.49). Llama la atención, por ejemplo, que en su relato de la experiencia de Pedro en casa de Cornelio, hasta en dos oportunidades Lucas pone las siguientes palabras en labios del apóstol: [...] *estos que han recibido el Espíritu Santo también como nosotros* [...] (Hch 10.47). Y: [...] *cayó el Espíritu Santo sobre ellos también, como sobre nosotros al principio* (Hch 11.15). No cabe duda que, con estas palabras, Pedro estaba haciendo memoria de la experiencia de Pentecostés narrada en Hechos 2. Pedro identificó, entonces, lo que ocurrió en la casa de Cornelio —asociada al hablar en lenguas— como un evento semejante al que él y los otros discípulos de Jerusalén habían experimentado tiempo atrás.

Eduard Schweizer, desde un enfoque reformado, tiene otra explicación. Para él: «Lucas menciona extrañas manifestaciones, como el don de lenguas o *glosolalia*, sólo cuando Dios trata de dar un paso especial y nuevo con su comunidad; al principio del todo, cuando se trataba de convertir a los discípulos desconcertados en mensajeros del evangelio; en el primer paso hacia los samaritanos semipaganos, cuando era importante que la comunidad de Jerusalén reconociera de una manera expresa esa labor y, con ello, la continuidad de la acción salvadora de Dios; en la cuestión decisiva para el futuro en la que Pedro se hallaba indeciso de si debía recibir a los paganos al bautismo, sin que tuvieran que recibir antes la circuncisión; y, finalmente, en el problema de si no bastaba el bautismo de Juan, es decir, una penitencia seria y la conversión a la Palabra de Dios, como ocurría en el antiguo testamento. Únicamente en estos pasajes existe mención específica de la donación del Espíritu antes, en o después del bautismo» (Schweizer 1984:85).

Pero, Alfred Wikenhauser tiene una opinión distinta a la de Eduard Schweizer. De acuerdo con Wikenhauser, el lenguaje que los discípulos hablan: «[...] es algo nuevo, obra del Espíritu Santo, que no emplea palabras ni frases propias de una lengua humana normal. Con todo, el cristianismo primitivo veía en este modo de hablar, no el tartamudeo incierto de un extático, que hasta cierto punto pierde la capacidad de elocución, sino mas bien un lenguaje por encima de lo humano, celestial, que busca y logra expresar algo; un lenguaje que, es cierto, solo comprenden aquellos a quienes el Espíritu les concede tal don» (Wikenhauser 1981:60).

[...] en el día de Pentecostés, los visitantes de muchas regiones reconocieron inmediatamente las palabras que les escucharon hablar a los discípulos en su éxtasis divino. Posiblemente, lo que sucedió en esa ocasión fue que la multitud de peregrinos oyó a los cristianos alabando a Dios en expresiones extáticas, y se sorprendió al escuchar que muchas de las palabras que decían no eran para nada palabras judías ni griegas, sino que pertenecían a los idiomas nativos de Egipto, Asia Menor e Italia (Bruce 1998:68).

En cuarto lugar, del relato lucano se deduce que el Espíritu descendió sobre todos los que estaban presentes en el aposento alto. Para subrayar esa realidad, Lucas utiliza frases como [...] *estaban todos unánimes juntos* (Hch 2.1), [...] *sobre cada uno de ellos* (Hch 2.3), y [...] *fueron todos llenos del Espíritu* [...] (Hch 2.4). Destaca así que se trató de una experiencia inclusiva que alcanzó a todos los discípulos reunidos en el aposento alto —como las mujeres galileas que seguían a Jesús (Lc 23.49, 55; Hch 1.14 y María la madre de Jesús (Hch 1.14)— y una experiencia que los "niveló" en una sociedad que tenía a las mujeres como menos importantes que los varones. Esto explica por qué Pedro, un poco después, manifestaría que según la profecía de Joel, Dios derramaría su Espíritu [...] *sobre toda carne* [...] (Hch 2.17) y afirmaría que la promesa del Espíritu era [...] *para todos los que están lejos; para cuantos el Señor nuestro Dios llamare* (Hch 2.39).

En quinto lugar, fue una experiencia que trascendió las barreras culturales, raciales y lingüísticas, ya que por medio de las lenguas dadas por el Espíritu a cada uno de los discípulos, la multitud escuchó [...] *las maravillas de Dios* (Hch 2.11). Para unos autores, las lenguas que hablaron los discípulos fueron los idiomas o dialectos de las personas que conformaban el amplio auditorio humano que se reunió en esa ocasión, como los habitantes de Mesopotamia y de Capadocia, o de Frigia y Panfilia (Whiterington 1998:133). Para otros, se trata más bien de las lenguas en el sentido de 1 Corintios 14, porque si todos estos *varones piadosos* eran judíos o prosélitos, no se necesitaba hablar en otros idiomas, puesto que todos ellos hablaban arameo o, en todo caso, hablaban el griego (Barclay 1974:28–29)[8]. Sin embargo, el sentido natural del relato lucano indica que si bien los discípulos no entendían los idiomas que hablaban, las personas que los escuchaban sí llegaron a entender lo que estos galileos considerados como unos "ignorantes" estaban diciendo. Fue así porque, según al relato de Lucas, [...] *cada uno les oía hablar en su propia lengua* (Hch 2.6).

Aparte de lo señalado hasta este momento, Lucas indica que los primeros testigos del descenso del Espíritu el día de Pentecostés, no tuvieron una misma opinión sobre lo que vieron y escucharon. De acuerdo con Lucas, inicialmente la multitud estaba confusa, porque cada uno les oía hablar en su lengua (*dilalekto*) (Hch 2.6). Posteriormente, estaban *atónitos y maravillados*, debido a que unos ignorantes galileos considerados como gente despreciable por los judíos de Jerusalén (Gutiérrez 1989:196–1977; González 2000:66), estaban hablando en un *dialekto* que ellos mismos —los galileos— desconocían y que nunca habían aprendido (Hch 2.8)[9]. La pregunta que formularon

---

8   Sobre este asunto, William Barclay sostiene lo siguiente: «Había en la iglesia primitiva un fenómeno que nunca ha desaparecido del todo. Se lo ha llamado hablar en lenguas (Ver Hechos 10.46; 19.6). El pasaje principal que lo describe es Primera de Corintios 14 [...] Sobre estas pautas es mucho más probable que este pasaje se refiera a ese extraño, aunque codiciado, don de hablar en lenguas» (Barclay 1974:28). Más aún, el teólogo católico Alfred Wikenhauser afirma que: «Ningún apoyo ofrece el texto a la opinión, que se encuentra ya en ciertos padres de la Iglesia y está aun hoy bastante difundida, de que el día de pentecostés los apóstoles fueron enriquecidos en forma prodigiosa con el conocimiento de las lenguas de todos aquellos pueblos que más tarde debían evangelizar [...] Si nuestra explicación del milagro de pentecostés es exacta, el hablar de los discípulos en Jerusalén es esencialmente idéntico al hablar en lenguas (*glosolalia*) de Corinto, descrito por San Pablo en Primera de Corintios 14, con la sola diferencia de que en pentecostés, el Espíritu Santo mismo hizo de intérprete, al colocar a los oyentes bien dispuestos en condiciones de comprender a los discípulos con tanta facilidad como si estuviesen oyendo hablar en su propia lengua» (Wikenhauser 1981:62).

9   Ciertos comentaristas como C. S. Mann, creen que la palabra *galileos* que aparece en Hechos 2.7 debe ser entendida como sinónimo de *cristiano* (Mann 1967:273–275). No hay razón para ello, pues el sentido del relato es otro. Más bien, como lo

traduce bien sus prejuicios: [...] *¿no son galileos todos estos que hablan?* (Hch 2.7). Lucas precisa, además, que hubo otras reacciones entre la multitud. Según Lucas, los *varones piadosos* hicieron su propia "hermenéutica" del descenso del Espíritu y de sus efectos en la vida de los discípulos. Unos *atónitos y perplejos* se preguntaban entre ellos: [...] *¿Qué quiere decir esto?* (Hch 2.12). Otros, *burlándose*, llegaron a la conclusión de que los discípulos estaban ebrios con vino dulce (Hch 2.3). De acuerdo con un teólogo católico:

> En los que escuchan, este hablar bajo la acción del Espíritu suscita impresiones opuestas. A unos parece que quienes así hablan lo hacen como efecto de la embriaguez, que los lleva a decir cosas inconexas; los otros, en cambio, entienden sus palabras como un himno de alabanza a la obra de salvación que Dios ha llevado a cabo. A los oyentes bien dispuestos, abiertos a la fe, el Espíritu les concede captar el significado y contenido de lo que hablan los discípulos, hasta tal punto que les parece estar oyendo su lengua materna. Para los demás, que carecen de las debidas disposiciones, permanece indescifrable el sentido de todo aquel prodigioso episodio; sólo perciben sonidos ininteligibles, que les recuerdan el balbuceo de un beodo (Wikenhauser 1981:60–61).

Pero estas observaciones críticas no quedaron allí. El tema siguió inquietando y perturbando a los discípulos de Jesús

---

ha precisado Justo González, la intención es distinta: «Una posibilidad es que el término *galileo* se emplee aquí como sinónimo de *cristiano*. Hay pruebas de que este término se usó así, normalmente en sentido peyorativo, por largo tiempo. De ser así, la pregunta querría decir, ¿No son cristianos todos estos? Tal pregunta, sin embargo, no vendría al caso en este contexto, donde los que escuchan no tienen por qué saber que los que hablan son cristianos. Otra posibilidad es que los que escuchan reconocen el acento galileo de los que hablan (como en Mateo 26.73). Empero esto tampoco vendría al caso, visto el hecho de que los que escuchan les oyen hablar cada uno en su propio idioma. Todo lo que podemos afirmar es que, por cualquier razón que sea, los que escuchan reconocen que los que hablan son galileos, gente despreciada por los judíos más cultos de Jerusalén, y que el sentido de la pregunta es más bien: ¿No son todos estos unos galileos ignorantes y atrasados? ¿Cómo, pues, les oímos hablar cada uno en nuestra lengua?» (González 2000:64).

de Nazaret en otros contextos históricos. Así, no todos los sectores que conforman la heterogénea comunidad evangélica latinoamericana han tenido una misma opinión, especialmente, sobre las lenguas[10]. Los evangélicos pentecostales y no pentecostales tenemos suficientes evidencias en la historia reciente de la comunidad evangélica latinoamericana sobre las diferencias que ha habido —y las hay todavía— en la interpretación y aplicación del relato del descenso del Espíritu, para su vida y misión[11]. Sobre la reacción inicial de las otras iglesias evangélicas, con respecto a la multiplicación de las pentecostales, un atento observador menciona que:

> Para el protestantismo "evangélico" representaban un desafío y una tentación. Podían reconocer en los pentecostales su propia teología, sus posturas éticas y su celo evangelizador. Pero sus manifestaciones les resultaban extrañas y su crecimiento a la vez los asustaba y los seducía. Algunos se atrincheran en su identidad denominacional y los rechazan, otros se entusiasman y los emulan. Se generaron conflictos y en algunos casos rupturas [...] (Míguez 1995:60)

---

10 Un teólogo reformado, desde su propia tradición eclesiástica, explica así este asunto: «Por lo regular, el bautismo de agua y el del Espíritu son el mismo hecho o acontecimiento; cuando una persona viene a ser bautizada con fe, entonces Dios le atorga el Espíritu Santo y, con ello, la fuerza para vivir en la fe» (Schweizer 1984:85).

11 En palabras de Samuel Escobar: «En 1961 dos iglesias pentecostales chilenas fueron admitidas como miembros en el Concilio Mundial de Iglesias, organismo ecuménico que asociaba a algunas de las [...] más antiguas y respetables del protestantismo. El hecho tomó de sorpresa a muchos que hasta entonces no habían reconocido a los pentecostales como denominaciones protestantes [...] Realmente hasta mediados de siglo entre los evangélicos de denominaciones como los luteranos, bautistas, metodistas o presbiterianos era frecuente que se hiciese referencia a los pentecostales como una "secta" [...] En 1966, el famoso evangelista Billy Graham convocó a las iglesias y organizaciones misioneras evangélicas a un Congreso Mundial de Evangelización en la ciudad de Berlín [...] Fue allí donde por primera vez el sector "evangélico" del protestantismo aceptó a los pentecostales como hermanos en la tarea de la evangelización mundial [...] Así pues sólo bien entrada la sexta década de este siglo tanto los protestantes ecuménicos como los evangélicos dieron "carta de ciudadanía" protestante a los pentecostales» (Escobar 1999:70–71).

Sin embargo más allá de los diferentes puntos de vista, no se puede negar que el descenso del Espíritu el día de Pentecostés, fue el cumplimiento de la promesa que Jesús resucitado hizo a sus discípulos (Hch 1.8) y que marcó un nuevo momento en la historia de la salvación, ya que la iglesia fue inaugurada en esa ocasión. En palabras de Hunter:

> [...] como quiera que expliquemos Hechos 2, nadie, salvo el ultra escéptico, podrá negar su verdad básica: que un día determinado los seguidores de Jesús recibieron un extra-ordinario acrecentamiento de un nuevo poder que ellos identificaron con el prometido Espíritu de Dios, y que no sólo vivificó de un modo maravilloso el Hecho de Cristo, sino que invadió sus vidas y su adoración (Hunter 1957:110)

Sin embargo, la cuestión crítica sigue siendo todavía si esa experiencia es única e irrepetible, o si más bien se trata de una experiencia vigente para los creyentes de todos los tiempos. Unos, como F. F. Bruce y William Larkin, afirman que fue un evento que *tuvo lugar una sola vez y para siempre* y que no deberíamos esperar que ocurran de nuevo fenómenos como hablar en lenguas (Larkin 1995:50; Bruce 1998:68). Los defensores de esta interpretación tradicional sostienen, con frecuencia, que el fenómeno de las lenguas tuvo una finalidad misionera y que su utilidad terminó cuando todo el mundo mediterráneo se convirtió del paganismo al cristianismo (Powers 2000:39). Otros, como los pentecostales, afirman que la experiencia de Pentecostés sigue vigente, incluso, con el fenómeno de las lenguas como la evidencia física inicial del bautismo en el Espíritu Santo. Este es, por ejemplo, el punto de vista de la Iglesia de Dios (Cleveland), explicitada en el punto 9 de su *Declaración de Fe* (Horton 1966:11). Y, según Gordon Fee, es también la posición de las Asambleas de Dios, tal como se desprende de los puntos 7 y 8 de su *Declaración de Verdades Fundamentales* (Fee 1991:84).

¿Cómo se puede resolver esta cuestión crítica? ¿Qué es lo irrepetible de la experiencia del descenso del Espíritu el día de

Pentecostés? ¿Qué es lo repetible? Un examen de la enseñanza del Nuevo Testamento deja constancia de que la presencia del Espíritu Santo está íntimamente relacionada con la conversión y la santificación. El Espíritu Santo es el sello o la garantía (arras) de la identidad de los cristianos como discípulos de Cristo (Ef 1.13–14), y al creyente no sólo se le exige vivir en el Espíritu, sino también andar en el Espíritu (Gá 5.16, 25). Pero eso no es todo lo que enseña acerca de la persona y obra del Espíritu. Los Hechos de los Apóstoles y las cartas paulinas dan suficiente evidencia, por un lado, de que la dimensión carismática fue un fenómeno normal en la vida de las comunidades cristianas, y por otro, de que esa dimensión carismática estaba asociada a la recepción del Espíritu Santo (Fee 1991:99). En consecuencia:

> Teniendo en cuenta que el hablar en lenguas fue una expresión frecuente de la dimensión carismática de la venida del Espíritu, los cristianos de hoy pueden también esperar ello como parte de su experiencia en el Espíritu. Si bien los pentecostales no pueden decirle a otros: *tienes que hablar en lenguas*. Ellos ciertamente sí pueden decir: *¿Por qué no hablar en lenguas?* [...] (Fee 1991:99).

Además, con respecto al hablar en otras lenguas (*glosolalia*), teólogos no pentecostales como Clark Pinnock, dirían que:

> [...] hablar en lenguas es normal más que normativo. Los apóstoles hablaron en lenguas cuando ellos fueron llenos del Espíritu, pero esto no puede ser siempre un patrón para todos. Nosotros podemos decir que hablar en lenguas es normal, pero no la norma (Pinnock 1996:172).

Más allá de la diversidad de opiniones sobre este asunto controversial, la experiencia de Pentecostés registrada en Hechos 2, resalta que el poder del Espíritu Santo es un poder que está vinculado y es inseparable del testimonio integral de la iglesia. En palabras de un experto en los escritos de Lucas: «Mi breve definición de la comprensión de Lucas acerca de los dones del Espíritu es la capacidad profética que empodera a una persona para su participación en la misión de Dios» (Menzies 1999:52). O como lo ha precisado otro experto en el tema:

> [...] la plenitud del Espíritu puede indicar diferentes [...] cosas. Esto es así porque la plenitud del Espíritu es una metáfora general y no un término técnico. Esta puede referirse a una declaración profética y visión (Lc 1.41 el caso de Elizabet, Lc 1.67 el caso de Zacarías, y Hch 7.55 el caso de Esteban); puede referirse al hablar en lenguas (Hch 2.4 en Pentecostés); puede referirse a un discurso autoritativo o a una predicación (Hch 4.38 el caso de Pedro, Hch 4.31 en el caso de los discípulos de Jerusalén); puede referirse a una sabiduría carismática (Hch 6.3 en el caso de los siete, Hch 6.10 para el caso de Esteban); puede referirse a un poder milagroso (Lc 4.1 para el caso de Jesús, Hch 6.8 para el caso de Esteban, Hch 13.18 para el caso de Pablo); puede referirse a una vida cristiana vibrante (Hch 6.5 en el caso de Esteban, Hch 11.24 para el caso de Bernabé) [...] (Hui 2000:38).

¿No necesitan también las iglesias evangélicas de este tiempo ese poder para dar testimonio de Jesús de Nazaret en el mundo convulso y complejo que les ha tocado vivir? Si como señala Donald Bloesh, «uno de los frutos más sobresalientes del avivamiento pentecostal ha sido el redescubrimiento de los dones del Espíritu Santo, incluyendo la sanidad, la profecía, las lenguas, el discernimiento de espíritus y los milagros» (Bloesch 2000:59), ¿no deberían también estar presentes estos dones como una característica visible de la vida y testimonio de las congregaciones evangélicas en todos los contextos históricos en los cuales ellas cumplen su misión?

En suma, de toda la discusión precedente, interesa destacar dos temas como reflexión final en esta sección, debido a su conexión con el tema de la misión integral. En primer lugar, el efecto nivelador e igualador de la experiencia de Pentecostés, dentro de una sociedad estamental en la que las mujeres estaban en el desván de las relaciones sociales. Este carácter inclusivo del amor de Dios indica que Él valora a los despreciados del mundo, convirtiéndolos en sujetos de su amor y en misioneros que el Espíritu equipa para que sean testigos-mártires hasta lo último de la tierra. En segundo lugar, la naturaleza personal y comunitaria de la experiencia de Pentecostés, un hecho que pone en tela de juicio tanto a la tendencia de convertir a la fe evangélica en una religión limitada a la esfera privada de la vida, como a la tendencia al individualismo que castra el poder transformador del evangelio.

El efecto nivelador e igualador de la experiencia de Pentecostés, así como su naturaleza personal y comunitaria, pueden explicar por qué un número cada vez mayor de comunidades pentecostales del Sur del mundo, tienen entre sus líderes y miembros a aquellos que la sociedad estamental y otras confesiones religiosas expectoran, porque no califican —según sus convenciones sociales y regulaciones denominacionales— para representarlos en la vida pública o para ser sus conductores espirituales. Puede explicar también por qué no tienen problemas para entender que la vida en el Espíritu no está desconectada de la participación social y política orientada al bien común, antes que a la satisfacción de los intereses individuales. Entre otras razones, porque para ellos, el Espíritu libera de todas las opresiones, atiende todas las necesidades humanas y dignifica a todos aquellos que la sociedad circundante tiene como cosas desechables.

2. *La interpretación teológica (Hch 2.14–42)*

Luego del descenso del Espíritu el día de Pentecostés, Pedro, un "harapiento" pescador galileo, se convirtió en un poderoso predicador que hizo su propia hermenéutica de la experiencia del bautismo en el Espíritu[12]. ¿Cómo explicar este giro dramático

---

12 Ya en otra ocasión (Hch 1.15–22), Pedro había utilizado un pasaje del Antiguo Testamento como base para su discurso a la comunidad de discípulos reunida en el aposento alto. Pero en este nuevo momento, su intervención fue distinta, ya se trataba de dar testimonio público de su fe en Jesús de Nazaret encarnado, crucificado, resucitado y exaltado, frente a un auditorio humano completamente distinto a la comunidad de discípulos.

en la vida de un individuo que, según los patrones culturales de su tiempo, era un hombre sin letras y del vulgo? ¿Qué hizo posible que Pedro se transformara en un agudo exégeta y en un eximio expositor bíblico contextual? La explicación de ese cambio se debe buscar en la experiencia del bautismo en el Espíritu Santo que convirtió a un "ignorante" en un teólogo del camino, que hizo de un discípulo timorato un apasionado predicador del evangelio, que transformó a un "despreciable" galileo en un testigo poderoso de Jesús de Nazaret.

¿Qué expresó Pedro en su explicación teológica de la experiencia personal y comunitaria que habían tenido los discípulos? Lucas puntualiza que su discurso estuvo centrado en cinco ejes clave relacionados con Jesús de Nazaret: Su ministerio terrenal (Hch 2.22), su muerte (Hch 2.23), su resurrección (Hch 2.24–32), su exaltación (Hch 2.33–36), y su papel como Salvador (Hch 2.37–39). Estos cinco ejes vertebrales de la confesión de fe de los primeros cristianos, se encuentran también en la mayoría de los discursos que Lucas ha registrado en Hechos (Hch 3.13–16; 4.10–12; 10.36–43; 13.26–39), y se los ha llegado a conocer como el *kerygma*[13]; *kerygma* que está resumido también en otros pasajes de este libro del Nuevo Testamento (Hch 2.22–24; 10.37–43)[14].

---

13 F. F. Bruce menciona que: «[...] la predicación apostólica primitiva regularmente consta de cuatro elementos (no siempre en el mismo orden): (1) el anuncio de que ha llegado el tiempo del cumplimiento; (2) un relato del ministerio, muerte y triunfo de Jesús; (3) citas del Antiguo Testamento cuyo cumplimiento en estos eventos prueba que Jesús es aquel que ellos señalaron antes; (4) un llamado al arrepentimiento. Estos cuatro elementos están presentes en la proclamación de Pedro» (Bruce 1998:80). A. M. Hunter tiene una opinión parecida: «El *kerygma* empieza sosteniendo que las promesas del Antiguo Testamento se han cumplido y que la Nueva Era ha llegado con la venida de Jesucristo. Luego relata los puntos salientes de la historia de Jesús —su bautismo, ministerio y obras de poder, su crucifixión y muerte, su resurrección y ascensión al cielo— y termina con una referencia al Espíritu Santo y al regreso de Cristo. Luego viene un llamado a los hombres a arrepentirse, a creer y ser bautizados» (Hunter 1957:94-95).

14 John Stott encuentra 19 discursos significativos en Hechos de los Apóstoles. De ellos, ocho pertenecen a Pedro, nueve a Pablo, uno a Esteban, y uno a Santiago (Stott 1990:69).

Pedro comenzó su explicación teológica respondiendo primero al comentario burlón que uno de los sectores de la multitud había expresado: [...] *Están llenos de mosto* (Hch 2.13). Aclaró que a esa hora del día —las nueve de la mañana— los discípulos no podían haberse embriagado con mosto (Hch 2.13–15) o jugo de uva aun no bien fermentado. Fue así porque los judíos no acostumbraban beber vino antes de la oración matutina, a la hora tercera, ya que tomaban el primer alimento entre las 10 y 11 de la mañana.

Posteriormente, tomando como punto de partida un pasaje del profeta Joel (Jl 2.28–32a), hizo pública su interpretación de la experiencia pentecostal que él y los otros discípulos habían tenido. Desde su perspectiva, los eventos de Pentecostés constituían un cumplimiento de la profecía de Joel:

> Mas esto es lo dicho por el profeta Joel: Y en los postreros días, dice Dios, derramaré de mi Espíritu sobre toda carne, y vuestros hijos y vuestras hijas profetizarán; vuestros jóvenes verán visiones, y vuestros ancianos soñarán sueños; y de cierto sobre mis siervos y sobre mis siervas en aquellos días derramaré de mi Espíritu, y profetizarán. Y daré prodigios arriba en el cielo, y señales abajo en la tierra, sangre y fuego y vapor de humo; el sol se convertirá en tinieblas, y la luna en sangre, antes que venga el día del Señor, grande y manifiesto; y todo aquel que invocare el nombre del Señor, será salvo (Hch 2.16–21).

En su explicación teológica, Pedro se refirió a los *postreros días*, dando a entender que la era mesiánica ya había llegado y que se estaba cumpliendo el tiempo escatológico anunciado por los profetas. Identificó la experiencia de Pentecostés como el «día de Yahveh largamente esperado y anunciado por el profeta Joel», muchos años atrás (Barnett 1999:197). En tal sentido, para Pedro, el descenso del Espíritu constituía una clara señal de que había comenzado la edad escatológica anunciada en el Antiguo Testamento, había llegado el Día del Señor (Barclay 1974:31). Esto explica por qué identificó una parte del Antiguo

Testamento como «pertinente para la edad mesiánica», y por qué «interpretó el evento de Pentecostés a la luz de las Escrituras» (Peterson 1993:96–97).

En otras palabras, teniendo a Pedro como vocero, la comunidad de discípulos entendió lo que le estaba sucediendo como el cumplimiento de la profecía de Joel (Moltmann 1996:586). El derramamiento del Espíritu [...] *sobre toda carne* [...] (Jl 2.28; Hch 2.17) marca entonces un nuevo momento en la historia de la salvación[15]. En consecuencia, la iglesia impulsada y sostenida por el Espíritu Santo tiene la tarea histórica de llegar con las buenas nuevas de salvación hasta lo último de la tierra. Así, Jerusalén es el punto de inicio de una misión centrífuga que va a cruzar diversas fronteras geográficas, culturales, raciales y lingüísticas.

Pero el discurso de Pedro no fue una simple explicación de la experiencia pentecostal a la multitud de *varones piadosos* reunidos en esa ocasión. Más bien, como lo ha sugerido un autor, el punto central del discurso de Pedro fue proporcionar una plataforma teológica para vincular la declaración de Joel 2 a su proclamación de Jesús como Señor (*Kyrios*) y al llamado que hizo a los oyentes para que crean en él como el Mesías esperado (Turner 1982:174). Pedro articuló, entonces, una respuesta cristológica dirigida a ese auditorio multicultural, multirracial y mutilingüístico. Él resumió la predicación (*kerygma*) de la iglesia apostólica con estas palabras:

> Varones israelitas, oíd estas palabras: Jesús nazareno, varón aprobado por Dios entre vosotros con las maravillas, prodigios y señales que Dios hizo entre vosotros por medio de él, como vosotros mismos sabéis; a éste, entregado por el determinado consejo y anticipado conocimiento de Dios, prendisteis y matasteis por mano de inicuos, crucificándole; al cual Dios levantó, sueltos los dolores de la

---

15 Según Moltmann: «Joel, con esa expresión carne, se refiere especialmente a los débiles, a los que no tienen vigor ni esperanza» (Moltmann 1996:586).

muerte, por cuanto era imposible que fuese retenido por ella (Hch 2.22–24).

Un poco después utilizó el Salmo 16.8–11, como base de su argumento, para dar testimonio público de la resurrección de Jesús de Nazaret:

> Porque David dice de él: Veía al Señor siempre delante de mí; Porque está a mi diestra, no seré conmovido. Por lo cual mi corazón se alegró, y se gozó mi lengua, y aun mi carne descansará en esperanza; Porque no dejarás mi alma en el Hades, Ni permitirás que tu Santo vea corrupción. Me hiciste conocer los caminos de la vida; me llenarás de gozo con tu presencia (Hch 2.25–28).

Pedro no sólo utilizó el Salmo 16.8–11 como base para su argumentación, sino que fue un poco más allá. Hizo una exégesis de esa parte del Salmo para dar una respuesta teológica al tema de la resurrección de Jesús. Para Pedro, el Salmo 16.8–11 constituía una profecía acerca de la resurrección de Jesús:

> Varones hermanos, se os puede decir libremente del patriarca David, que murió y fue sepultado, y su sepulcro está con nosotros hasta el día de hoy. Pero siendo profeta, y sabiendo que con juramento Dios le había jurado que de su descendencia, en cuanto a la carne, levantaría al Cristo para que se sentase en su trono, viéndolo antes, habló de la resurrección de Cristo, que su alma no fue dejada en el Hades, ni su carne vio corrupción. A este Jesús resucitó Dios, de lo cual todos nosotros somos testigos. Así que, exaltado por la diestra de Dios, y habiendo recibido del Padre la promesa del Espíritu Santo, ha derramado esto que vosotros veis y oís (Hch 2.29–33).

Él se presentó, además, como uno de los testigos de la resurrección de Jesús de Nazaret, declarando que estaba ahora a la diestra del Padre (Hch 2.32–33), y expresando que el derramamiento del Espíritu Santo que las personas presentes en esa ocasión habían visto y oído, era obra del Padre y del Hijo (Hch 2.33). Más aún, para rematar su argumento, dijo a la multitud:

> Porque David no subió a los cielos; pero él mismo dice: Dijo el Señor a mi Señor: Siéntate a mi diestra, hasta que ponga a tus enemigos por estrado de tus pies.
>
> Sepa, pues, ciertísimamente toda la casa de Israel, que a este Jesús a quien vosotros crucificasteis, Dios le ha hecho Señor y Cristo (Hch 2.34-36).

Así que, utilizando nuevamente un Salmo (Sal 110.1), declaró que Jesús de Nazaret había sido exaltado como Señor (*Kyrios*) y Mesías (*Christos*)[16], precisamente dos de los elementos centrales de la Cristología del Nuevo Testamento[17]. En consecuencia, desde la perspectiva de Pedro, las profecías de David en los Salmos 16 y 110, se cumplieron en Jesús de Nazaret.

De toda la discusión previa, queda claro entonces que existe una relación estrecha entre la experiencia pentecostal y la predicación cristológica de Pedro. Más aún, si se ve con cuidado todo el relato de Lucas registrado en Hechos 2, no cabe duda de que se trata de un relato hilvanado desde una perspectiva trinitaria. El Dios Trino y Uno (Padre, Hijo y Espíritu Santo) está presente en este relato (como, por ejemplo, en Hch 2.31-33), teniendo como trasfondo la historia de la salvación, que es uno de los ejes vertebrales de la teología lucana. O como lo ha precisado Steven Land:

> Las lenguas de Pentecostés y el subsecuente sermón de Pedro significan que la iglesia en general y cada individuo lleno del Espíritu Santo debe ser testigo y debe dar testimonio de la poderosa acción de Dios para salvar a la

---

16 Oscar Cullmann, comentando Hechos 2.36, opina que la declaración contenida en este texto bíblico en el que se le llama a Jesús Señor y Cristo, significa: «[...] que la dignidad de *Kyrios* le fue conferida a Jesús después de su resurrección, simultáneamente con la dignidad de Mesías» (Cullmann 1965:251). No se debe olvidar, por otro lado, que: «Lucas es el autor del Nuevo Testamento que más frecuentemente aplica a Jesús el título de *Kyrios*» (Segalla 1989:429). Esta palabra aparece 103 veces en el evangelio de Lucas y 107 veces en los Hechos.

17 Giuseppe Segalla subraya que: «[...] la cristología de Hechos es sustancialmente la del *Kerygma*: Jesús, Cristo Señor, muerto y resucitado, fuente de salvación» (Segalla 1989:433).

humanidad. Este testimonio centrado en Cristo Jesús tiene que ser dado en el poder del Espíritu Santo si es que quiere tener continuidad con su ministerio y cumplir la promesa del Padre a través de Cristo (Land 1994:61).

¿Qué se desprende de la predicación de Pedro como desafío para las iglesias pentecostales contemporáneas? El peregrinaje misionero de ellas en el suelo latinoamericano deja constancia de que ellas se concentraron mayormente en la experiencia descrita en Hechos 2.1–13, adoptándola como base bíblica para afirmar su experiencia pentecostal y para hilvanar su espiritualidad. Sin embargo, estas iglesias no tuvieron en cuenta que además del relato del descenso del Espíritu, el discurso de Pedro era también una expresión innegable de lo que implicaba ser pentecostal, tal como se deduce de la lectura de todos los eventos narrados en Hechos 2.

Parte del problema se debe a que las denominaciones pentecostales, si bien presentaron a Jesús según el patrón cuádruple (Cristo salva, sana, bautiza con el Espíritu Santo, y Rey que viene nuevamente) o el patrón quíntuplo (añadiendo Cristo santifica al patrón anterior), como parte de su predicación pública, las consecuencias sociales y políticas de esa afirmación no fueron suficientemente integradas a su espiritualidad y, menos aún, tomadas como bases para el desarrollo de una ética social o ética pública.

La excesiva concentración en un discurso escatológico premilenial e, incluso dispensacional según el esquema de la Biblia anotada de Scofield, fue otro factor que por muchos años marcó el derrotero misionero de un número significativo de las iglesias pentecostales —y también de otras comunidades evangélicas no pentecostales. Lo que puede explicar el acentuado desinterés que se tuvo por los asuntos calificados como "mundanos" o "poco espirituales", como la inserción en los movimientos sociales y la participación en la vida pública, como vías válidas de testimonio acerca de Jesús de Nazaret en el poder del Espíritu.

Este fue un problema que por muchos años caracterizó la presencia misionera del movimiento pentecostal (y fue también un problema que afectó a otras iglesias evangélicas latinoamericanas) y lo "desenchufó" o enajenó de su realidad histórica. La explicación para esta parálisis social y política, puede encontrarse en su limitada comprensión del Señorío de Cristo, Señorío que fue confinado únicamente a los llamados asuntos "espirituales" y a la ética individual. No hubo, entonces, suficiente reflexión sobre el significado y las consecuencias de la encarnación de Jesús y de su victoria en la cruz sobre todos los principados y potestades y, de cómo esa realidad, ponía en tela de juicio todo intento de "divinizar" a los poderes temporales y de sacralizar todas las acciones públicas de los líderes políticos y religiosos.

Las iglesias pentecostales no tuvieron en cuenta que la confesión de Jesús como Señor (*Kyrios*) tenía consecuencias sociales y políticas específicas, porque esta confesión relativiza el señorío de los gobernantes humanos (Bosch 1980:232). Esto hizo, por ejemplo, que temas como el de la defensa de la dignidad humana no fueran atendidos en los planos teológico, misionero y pastoral, sino más bien dejados de lado o vistos como asuntos ajenos a la espiritualidad pentecostal. Ocasionó también que se perdiera de vista el papel ciudadano de los creyentes y la búsqueda del bien común como parte inseparable del testimonio cristiano en el mundo.

Todo lo señalado previamente se pudo haber evitado si se hubiera leído la experiencia pentecostal a la luz de todo el relato de Hechos 2; particularmente, si la experiencia del bautismo en el Espíritu Santo se hubiera conectado a las consecuencias del mismo para el testimonio público de los creyentes, tal como se ilustra en el caso de Pedro, cuya predicación estuvo caracterizada precisamente por una hermenéutica de esa experiencia sustentada en textos tomados de las Escrituras y conectados a la misión integral del pueblo de Dios.

En suma, la espiritualidad pentecostal no tiene que separar la experiencia religiosa, de la ética pública; los carismas del Espíritu, de la exégesis y de los estudios bíblicos; el poder desde lo alto, de la proclamación pública de Jesús como Señor (*Kyrios)* de todo el universo, y no sólo de la vida personal de los creyentes; la experiencia del aposento alto, del testimonio integral de la iglesia enviada al mundo para dar testimonio del Dios de la vida delante de todos los que demanden razón de su esperanza (1P 3.15). Como lo expresó san Pablo: *Si vivimos por el Espíritu, andemos también por el Espíritu* (Ga 5.25). O en palabras del apóstol Juan: *El que dice que permanece en Él, debe andar como Él anduvo* (1Jn 2.6).

3. Las consecuencias prácticas (Hch 2.43-47)

En varios momentos de su relato, Lucas traza un bosquejo de los rasgos característicos de la iglesia apostólica (Hch 2.42-47; 4.32-37; 5.12-16; 5.42; 6.7; 9.31). En todo estos casos no se presenta una descripción exhaustiva de su vida y misión, sino un cuadro ideal (Bruce 1998:91), un resumen (Marshall 1996:83), o un retrato (Whiterington 1998:156) en el que se delinean sus notas distintivas como comunidad llena del Espíritu Santo, puesta en un marco temporal concreto para dar testimonio de su fe en Jesús de Nazaret, su *Kyrios* y *Christos*.

Particularmente en el resumen registrado en Hch 2.43-47, Lucas pinta un cuadro en el cual traza o perfila aspectos singulares de la naturaleza y la misión de la iglesia. Este párrafo proporciona, según un autor, tanto el clímax como el foco de Hechos 2 (Keener 1996:38). Desde su punto de vista, la venida del Espíritu Santo produce dones, pero especialmente produce frutos (Keener 1996:38). ¿Cuál es la misión de una comunidad pentecostal, de una iglesia llena del Espíritu Santo? ¿Qué se espera de ella como agente del reino de Dios en el escenario de la historia? En Hch 2.43-47 se delinea un modelo o paradigma cuyos alcances y consecuencias para el día de hoy tienen que examinarse con bastante cuidado.

De acuerdo con el relato lucano, una de sus características fue la perseverancia en «la enseñanza del Señor comunicada a través de los apóstoles en el poder del Espíritu» (Bruce 1998:91). Lucas puntualiza que los discípulos [...] *perseveraban en la doctrina de los apóstoles* [...] (Hch 2.42). Más adelante en su relato, cuando da cuenta del avance misionero de la comunidad de discípulos en medio de las dificultades que comenzaron a presentarse, subraya que los apóstoles [...] *todos los días, en el templo y por las casas, no cesaban de enseñar y predicar a Jesucristo* (Hch 5.42). Estos datos sugieren que ellos entendieron la importancia de nutrirse y alimentarse cada día con la enseñanza apostólica. En tal sentido, perseverar o persistir en la enseñanza transmitida por los apóstoles, más que una buena costumbre o una tradición bastante apreciada en la iglesia primitiva, fue una señal visible de la acción poderosa del Espíritu Santo en la vida cotidiana de los discípulos. La primera generación de cristianos entendió que la perseverancia en la doctrina apostólica era esencial para la adoración y el servicio al Señor.

Esta característica de la iglesia primitiva no ha sido precisamente uno de los puntos fuertes en la vida comunitaria pentecostal. No se la descuidó totalmente; pero tampoco se le dio la atención necesaria, tanto en el plano de la preparación de los pastores, como en el de los espacios de formación de discípulos en las congregaciones locales. Más bien, durante muchas décadas se sufrió de un anti-intelectualismo que llevó a muchos pastores y líderes a tener un marcado desprecio por los estudios en los centros teológicos y las universidades. Este anti-intelectualismo, unido a un "espiritualismo", condujo también a una separación entre lo sagrado y lo profano, una de cuyas terribles consecuencias fue un secuestro ideológico que hizo de los miembros de las iglesias pentecostales una suerte de "extraños" en su propia tierra, que vivían de espaldas a la realidad de miseria, opresión y explotación en la que daban testimonio de su fe.

La primera comunidad de discípulos perseveró o persistió cada día en la doctrina de los apóstoles. Lo mismo se les recordó a las comunidades de discípulos que se fueron estableciendo como consecuencia de la labor misionera de personajes como el apóstol Pablo. Él le recordó a Timoteo en una de sus cartas que guardara [...] *el buen depósito* [...] (2Ti 1.14); y tanto a Timoteo como a Tito, los exhortó a que siguieran [...] *la sana doctrina* (1Ti 1.10; Tit 2.1). Además, a los discípulos de la ciudad de Corinto, les recordó lo que él mismo les había enseñado (un resumen cristológico):

> Además os declaro, hermanos, el evangelio que os he predicado, el cual también recibisteis, en el cual también perseveráis; por el cual asimismo, si retenéis la palabra que os he predicado, sois salvos, si no creísteis en vano.
>
> Porque primeramente os he enseñado lo que asimismo recibí: Que Cristo murió por nuestros pecados, conforme a las Escrituras; y que fue sepultado, y que resucitó al tercer día, conforme a las Escrituras; y que apareció a Cefas, y después a los doce (1Co 15.1–5.)

No hay duda de que la perseverancia en la doctrina de los apóstoles siempre fue, y seguirá siendo, un factor indispensable para mantener la vitalidad espiritual de la iglesia y un combustible básico para la misión del Pueblo de Dios; particularmente en este tiempo en el cual circulan "modas teológicas" ajenas al marco bíblico, como la llamada "teología de la prosperidad", que con su insistente llamado a los creyentes para que "disfruten" de los bienes temporales aquí y ahora, están produciendo tipos de congregaciones y un perfil de creyentes preocupados casi exclusivamente por el consumo de bienes materiales y despreocupados por la crítica situación de pobreza, opresión y explotación en la que se encuentran miles de seres humanos a lo largo y ancho de América Latina. No cabe duda de que en este contexto se necesita insistir en la exigencia de perseverar en la doctrina apostólica. Este hecho coadyuvará a la tarea insoslayable de pensar y actuar bíblicamente para responder a los desafíos pastorales y éticos de cada día en los diversos campos de la vida humana en los cuales los creyentes están inmersos como agentes del reino de Dios. Así, en este tiempo preñado de desafíos pastorales y éticos, como parte de su perseverancia en la enseñanza de los apóstoles, una iglesia llena del Espíritu Santo debe tener en cuenta ciertos aspectos esenciales como el indicado por Jürgen Moltmann:

> Sólo a través de la memoria del Crucificado puede la iglesia vivir en la presencia del Resucitado y, por consiguiente, vivir en la esperanza de un modo realista [...] Sólo puede seguir siendo la iglesia del Resucitado en la medida en que toma sobre sí el destino del crucificado (Moltmann 1978:45).

Al lado de la perseverancia en la doctrina de los apóstoles, la otra señal o característica de la iglesia primitiva según el relato lucano, fue la vida de compañerismo de los discípulos. En palabras del autor de Hechos: *Y perseveraban en* [...] *la comunión unos con otros, en el partimiento del pan* [...] *Todos los que habían creído estaban juntos, y tenían en común todas las cosas; y vendían sus propiedades y sus bienes, y lo repartían a todos según la necesidad de cada uno* (Hch 2.42, 44–45). Del relato se deduce que los discípulos experimentaban cada día un profundo sentido de unidad en el Espíritu (Bruce 1998:92).

Al respecto, si la palabra *comunión* traduce el griego *koinonia*, cuya raíz significa *compartir*, se puede deducir que Lucas estaba hablando del amor fraternal en acción, como el acto de compartir la propiedad sobre la base del amor (Hunter 1957:113). La comunión se expresaba también en el acto de partir el pan —dos veces se repite en el relato lucano esta acción comunitaria (Hch 2.42; 2.46)— que para varios autores es una referencia a la Cena del Señor o Eucaristía (Schnackenburg 1989:200; Segalla 1989:115; Bruce 1998:92; Barnett 1999:198; González 2000:89) que iba acompañada de una comida normal entre todos los presentes (Schnackenburg 1989:200).

La comunión se expresaba, además, en las acciones comunes que realizaban y en la ayuda mutua mediante la cual manifestaban el amor que se tenían unos a otros (más adelante se afirma lo mismo en Hch 4.32, 34–35). Esta comunión fundamentada en la fe y confirmada por la enseñanza de los apóstoles, tenía repercusiones en todos los ámbitos de la vida (Schnackenburg 1989:200). Una de estas repercusiones estaba relacionada con la dimensión ética, la cual se tradujo en la capacidad de desprenderse de sus bienes materiales para compartirlos con las personas más necesitadas. Como subraya Lucas en su relato: *Así que no había entre ellos ningún necesitado; porque todos los que poseían heredades o casas, las vendían, y traían el precio de lo vendido, y lo ponían a los pies de los apóstoles; y se repartía a cada uno según su necesidad* (Hch 4.34–35).

Había una preocupación social evidente que se expresaba, no sólo en forma corporativa (como iglesia), sino también en el compromiso personal de los creyentes. Así que, la práctica misionera de la iglesia primitiva no se limitó exclusivamente a las acciones de proclamación verbal del evangelio, sino que incluía también una real preocupación por las necesidades materiales de los pobres. Pero no se trató solamente de una práctica comunitaria. La actitud de José (Bernabé) demuestra que los miembros de la comunidad de discípulos tenían la misma preocupación, la cual se manifestó en la capacidad de desprenderse de sus posesiones materiales —vender una propiedad como en el caso de Bernabé— para donar el dinero, entregándolo a los apóstoles. Esta comunidad de discípulos, llena del Espíritu Santo, fue entonces una comunidad capaz de velar por todas las necesidades humanas, una iglesia que se identificó con los menesterosos y excluidos.

Las iglesias pentecostales emergieron y se expandieron en el mundo de los pobres y los excluidos. Dentro de ese mundo crearon comunidades alternativas en las que fueron germinando nuevas formas de relaciones humanas. La ética individual fue acentuada de muchas maneras; sin embargo, se descuidó la dimensión social de ella. El servicio social se realizó de múltiples formas —comedores, escuelas, orfanatorios o asilos— pero no se avanzó hasta la incursión en acciones sociales vinculadas al terreno político, y orientadas a la transformación social. En tal sentido, todavía está pendiente —si bien en varios círculos pentecostales están dándose cambios de mentalidad y se está generando una práctica social radicalmente distinta a la de años anteriores— la recuperación de la dimensión pública de la ética como parte indesligable del testimonio cristiano en el mundo.

Los pentecostales no deben borrar de su memoria colectiva, por un lado, las consecuencias éticas de la experiencia del aposento alto; por otro, su pasado revolucionario que da cuenta de que emergieron en la escena religiosa como comunidades alternativas en las que todos hallaron cabida[18]. La primera comunidad cristiana, con su innegable preocupación por todas las necesidades humanas —entre ellas las necesidades materiales— trazó la ruta por la cual debería transitar en todo contexto histórico una iglesia llena del Espíritu. Así, siguiendo el ejemplo de la iglesia primitiva, las comunidades de discípulos de este tiempo no deben olvidar que se ha de velar por [...] *todos según la necesidad de cada uno* (Hch 2.45) y que ninguno de sus miembros [... diga] *ser suyo propio nada de lo que* [posee ...] (Hch 4.32).

La forma como celebraban sus reuniones comunitarias o los tiempos de compañerismo, unido a la perseverancia en la doctrina apostólica y a la práctica de la comunión, fue también otra de las características sobresalientes de la iglesia primitiva.

---

18 No olvidar esas raíces revolucionarias (Johns 1993:70), o pasado revolucionario, es particularmente importante porque como lo ha señalado D. William Faupel: «[...] los años de formación del pentecostalismo deben ser percibidos como su corazón y no simplemente como la infancia del movimiento» (Faupel 1996:309).

Del breve relato lucano se desprende que esta iglesia había comprendido que en una comunidad llena del Espíritu Santo, la adoración al Señor tenía que darse en un ambiente de fiesta y de compañerismo. Esto explica por qué dentro de la comunidad había espíritu de regocijo y generosidad (Bruce 1998:93) o espíritu de intensa y sincera alegría (Marshall 1996:85)[19]. Esto es claro en el texto bíblico en el cual se describen brevemente los otros componentes de su vida comunitaria: [...] *perseveraban* [...] *en las oraciones* [...] *Y perseverando unánimes cada día en el templo, y partiendo el pan en las casas, comían juntos con alegría y sencillez de corazón, alabando a Dios, y teniendo favor con todo el pueblo* [...] (Hch 2.42, 46–47).

En los Hechos se da testimonio de que los primeros cristianos tenían una práctica de oración continua —personal y comunitaria— que explica su vitalidad espiritual. Ellos habían descubierto que la oración era una de las bases sobre la cual se asentaban la comunión mutua y el testimonio público. Los primeros cristianos sabían que si ellos oraban, Dios les iba a responder. Así fue en efecto, ya que cuando se presentó el peligro, ellos buscaron a Dios, y él respondió a su oración (Hch 4.23–31). También, según el relato lucano, su vida de oración iba de la mano con la misión o con el cumplimiento de su vocación de proclamar las buenas nuevas de salvación a todos los seres humanos.

En tal sentido, la iglesia no pasaba largos momentos de oración buscando experiencias místicas extraordinarias, y ajena a las necesidades espirituales de sus vecinos; por el contrario, su vida de oración se traducía en acciones prácticas de testimonio público. Ellos habían comprendido que una consecuencia directa de su compromiso con Dios se relacionaba con la tarea

---

19 Howard Marshall precisa que la palabra traducida como *generosidad* o *sencillez* sugiere la franqueza y la apertura de espíritu que caracterizaba a la vida de compañerismo de la iglesia primitiva (Marshall 1996:85). F. F. Bruce, por su parte, comenta que puede traducirse también como *generosidad de corazón* en el mismo sentido de Efesios 6.5 y Colosenses 3.22 (Bruce 1998:93).

de dar testimonio personal y colectivo de su fe en el Señor Jesús (Hch 4.29–31). Pero la iglesia era, además, un compañerismo o fraternidad en el Espíritu que tenía una «alegría exhuberante» (Hunter 1957:113). De hecho, así se describe la vida de los primeros discípulos cuando estaban juntos para el culto común.

La historia del movimiento pentecostal muestra, por un lado, que la oración fue una de las claves de su formidable avance misionero, y por otro, que ellos siempre tuvieron en cuenta esta característica de la iglesia primitiva como un modelo para su propio testimonio personal y colectivo. Esta nota distintiva no deben perderla las nuevas generaciones pentecostales y, particularmente los "intelectuales orgánicos" vinculados a las iglesias pentecostales, cuando se inserten en el exigente y competitivo mundo académico dominado por otros sectores de la familia evangélica.

Además de la vida de oración, la alegría y el ambiente festivo de los cultos no tienen que confinarse al templo, sino que deben acompañar también al testimonio de los creyentes por todos los lugares en los cuales ellos caminan como ciudadanos de carne y hueso. La alegría exuberante de la comunidad del Espíritu, esa fiesta que nace de un encuentro profundo e intenso con el Dios de la Vida, por medio de la fe en Cristo, y cuyo sello inconfundible es el don del Espíritu, tiene que alcanzar a los otros que necesitan escuchar las buenas nuevas del reino. Más aún, los pentecostales deben estar conscientes de que el Espíritu Santo no limita ni confina su acción al corazón de las personas o a los avivamientos religiosos. Él está activo también, tanto en la vida diaria como en la historia y la cultura (Bosch 1980:232).

La otra característica de la iglesia primitiva es que en ella la tarea de proclamar la buena nueva de salvación fue consustancial a su identidad como pueblo de Dios en misión. La iglesia en Jerusalén no programaba ni realizaba, como parte de su vida comunitaria y como un punto de su agenda de trabajo, "campañas de evangelización" para incrementar el número de sus miembros. A pesar de ello, cuando se lee el libro de los Hechos, se nota que su crecimiento numérico fue continuo (Hch 2.41; 4.4; 5.14; 6.7). Dos temas se destacan en estas descripciones del estilo de vida de la iglesia apostólica, particularmente respecto a la evangelización o proclamación de la buena noticia de salvación. En primer lugar, se destaca la predicación pública (testimonio), cuya consecuencia inmediata fue la conversión de las personas y su posterior incorporación a la comunión de la iglesia, luego de bautizarse (Hch 2.41). En segundo lugar, se resalta la acción del Espíritu Santo, una realidad que se hizo evidente en la conversión de las personas y en su posterior participación en la comunión de la iglesia (Hch 2.47). Para un autor:

> [...] este doble énfasis apunta [...] a un aspecto dual de la misión: Dios es el Señor de la misión y de sus resultados; y los cristianos todos, sin distinciones de ninguna clase, son los responsables de comunicar el mensaje. Así fue ayer; así sigue siendo hoy (Bonilla 1998:15).

La tarea de los discípulos consistía en comunicar o proclamar las buenas nuevas de salvación; sin embargo, era el Señor quien [...] *añadía cada día a la iglesia* [ekklesia] *los que habían de ser salvos* (Hch 2.47). Así que la comunicación del evangelio se vincula a la incorporación a una comunidad visible de testimonio, y a esa comunidad visible se la llama *ekklesia*. En tal sentido, según el testimonio lucano, la tarea evangelizadora no puede separarse de la pertenencia a una comunidad de discípulos.

Aparte de lo señalado hasta aquí, no se debe perder de vista que los apóstoles, tal como Lucas lo precisa, daban testimonio de su fe en el Señor con [...] *muchas maravillas y señales* [...](Hch 2.43). Más aún, según el relato lucano, no fue esta la única ocasión (Hch 4.33; 5.12–16; 6.8). Incluso se registra que la iglesia en oración —cuando se presentó una situación conflictiva en la que le prohibieron a Pedro y a Juan hablar y enseñar en el nombre de Jesús— le pidió al Señor lo siguiente: [...] *ahora, Señor, mira sus amenazas, y concede a tus siervos que con todo denuedo hablen tu palabra, mientras extiendes tu mano para que se hagan sanidades y señales y prodigios mediante el nombre de tu santo Hijo Jesús* (Hch 4.29–30).

Para las iglesias pentecostales, este asunto de las maravillas, señales y prodigios no ha sido ni es un terreno extraño. Su emergencia en el escenario religioso y su posterior avance misionero estuvieron marcados por la predicación de un evangelio de poder que incluía la presencia de maravillas, señales y prodigios. Lo que no debe olvidarse, sin embargo, es que estas no vienen como resultado del carisma del predicador o de la habilidad para la planificación estratégica de un grupo de seres humanos. Esto es así porque todas las referencias a las maravillas, señales y prodigios en el libro de los Hechos, siempre están vinculadas a la acción de Dios (Hch 4.30–31; 4.33; 5.12; 6.8; 8.5–8). En ese sentido, los discípulos de ayer y de hoy son únicamente los agentes humanos a través de los cuales Dios cumple su propósito en el mundo. Ellos nunca deberían atreverse a ocupar el lugar de Dios. Esto lo entendió bien la iglesia apostólica y, por esa razón, se afirma que cuando los discípulos daban testimonio público de su fe lo hacían: [...] *en el nombre de Jesucristo de Nazaret* [...] (Hch 3.6; 4.10, 30).

Los apóstoles no fueron en ningún momento las "figuras estelares" en la tarea de dar testimonio público de Jesús de Nazaret. El principio y el fin de la proclamación del evangelio del reino, por parte de la iglesia primitiva, siempre fue su *Kyrios* y *Christos* Jesús de Nazaret. Así, al cojo de nacimiento que pedía limosna cada día en la puerta del templo de Jerusalén, Pedro le pudo decir: [...] *No tengo plata ni oro, pero lo que tengo te doy; en el nombre de Jesucristo de Nazaret, levántate y anda* (Hch 3.6) O, un poco después, al paralítico Eneas: [...] *Jesucristo te sana; levántate, y haz tu cama* [...] (Hch 9.34). A la luz del testimonio bíblico, particularmente en este tiempo en que abundan los predicadores "estrellas", los pastores y los líderes pentecostales necesitan recordar que:

> La gran comisión que Jesús dejó a sus discípulos no es la formación de un movimiento de masas practicantes de una religión popular: Es, más bien, la formación de seguidores de Jesucristo cuyo rostro refleje como en un espejo la gloria del Señor y sean transformados a su semejanza con más y más gloria por la acción del Señor, que es el Espíritu (2Co 3.18) [...] (Padilla 1999:32).

De este breve análisis queda claro que la descripción de la vida y misión de la comunidad de discípulos resumida en Hechos 2.43–47, antes que presentar un cuadro de una iglesia preocupada por sí misma y desconectada de su marco temporal de misión, plantea una perspectiva integral de su testimonio en la sociedad de su tiempo. Un testimonio integral que está conectado con la experiencia de Pentecostés y con el contenido cristológico del discurso de Pedro.

Consecuentemente, lo que emerge de un estudio de Hechos 2 es una presentación trinitaria, tanto de la naturaleza como de la misión de la iglesia en el mundo. En tal sentido, las iglesias pentecostales de diverso trasfondo no tienen que soslayar ni ignorar el relato lucano acerca de la vida comunitaria de la iglesia primitiva y, especialmente, deben leer la experiencia del advenimiento del Espíritu Santo en Pentecostés a la luz de todo el contenido de Hechos 2 y sin perder de vista la perspectiva teológica desde la cual Lucas lee e interpreta la acción de Dios en la historia.

PARA LA AGENDA

Juan Stam en un artículo con el título «Evangelio, cultura y pluralismo religioso», cuando examina brevemente Hechos 2 en la sección *Pentecostés e Identidad Cultural*, resume de manera bastante interesante las lecciones que pueden derivarse de este relato que Lucas nos ha dejado. Desde su punto de vista:

El capítulo 2 de los Hechos, al narrar la venida del Espíritu sobre la comunidad y el lanzamiento definitivo de su misión, traza realmente un modelo de misión integral. El relato comienza con la experiencia de fenómenos extraordinarios (2.1–13, ¡bien pentecostal, digamos!), sigue con un sermón expositivo cuyo tema central es el señorío de Cristo (2.14–41, al estilo de Spurgeon o de los mejores predicadores presbiterianos) y termina con una nueva comunidad de fe y práxis (2.42–47), ¡con sabor menonita!) [...] (Stam 1997:11).

La estructura de Hechos 2 ciertamente combina esta mixtura de experiencias y espiritualidades que, desde su propia tradición, han enfatizado determinados aspectos de la vida y el testimonio de la primera comunidad de discípulos. Pero si tenemos en cuenta la opinión de Stam, y como se ha intentado demostrar en este estudio, Hechos 2 traza un modelo de misión integral que desafía a todos los componentes de la diversa familia evangélica, sean estos pentecostales o no pentecostales, a no separar la experiencia del bautismo en el Espíritu de la exposición bíblica, de una preocupación por todas las necesidades humanas, del compañerismo, de la unidad en la misión y de la transformación social.

Particularmente, las iglesias pentecostales de este tiempo tienen que comprender la experiencia del Espíritu a la luz de todo el mensaje contenido en Hechos 2. En tal sentido, no pueden apropiarse únicamente de la primera parte del relato lucano, obviando o soslayando las otras secciones de dicho relato. Tiene que ser así porque Hechos 2 presenta un enfoque trinitario de la vida y la misión de una iglesia que comienza a verse a sí misma como la nueva Israel que forma parte del propósito universal de Dios, como la comunidad que confiesa y proclama a Jesús de Nazaret como Señor y Salvador, y como un compañerismo del Espíritu puesto en el mundo para dar testimonio visible de su fe.

Consecuentemente, las iglesias pentecostales no pueden ni deben considerar que la vida en el Espíritu tiene relación únicamente con las cuestiones carismáticas, como hablar en otras lenguas, la interpretación de lenguas, las profecías o las sanidades. Más bien, deben valorar otros asuntos medulares para su vida y misión, como los estudios bíblicos o la predicación contextual, así como el llamado a ser comunidades visibles de testimonio dentro de un contexto histórico en el que tanto la cosificación de la vida humana y las injusticias sociales como la alarmante corrupción sistémica, entre otros males contemporáneos, siguen siendo todavía desafíos ineludibles para la conciencia y práctica cristianas. En otras palabras, lo que surgió del milagro de Pentecostés fue una iglesia que llena del Espíritu y enviada al mundo para dar testimonio del poder de Dios en el nombre de Jesús de Nazaret, no separó lo espiritual de lo material, lo privado de lo público, la ética individual de la ética social, la proclamación verbal del evangelio de las buenas obras. Fue una iglesia que entendió su misión como una misión integral en la cual se tenía que atender todas las necesidades humanas.

LA CONSTRUCCIÓN DE UN ROSTRO PÚBLICO

Interpretaciones, cambios y desafíos del movimiento pentecostal

ASUNTOS PRELIMINARES

Leslie Newbigin fue una de las primeras figuras protestantes de renombre mundial que se dio cuenta del potencial misionero y de las consecuencias sociales que podrían derivarse de la emergencia del movimiento pentecostal en el escenario religioso mundial, denominando a este sector, *la tercera corriente de tradición cristiana* al lado del *catolicismo* y del protestantismo *ortodoxo* (1961:121–122). Un poco después de Newbigin, un atento observador de la situación religiosa latinoamericana expresó lo siguiente sobre esa misma realidad:

> El pentecostalismo representa el redescubrimiento del Espíritu Santo como una realidad en la vida de la iglesia y en la vida de los cristianos [...] De acuerdo a la evidencia contemporánea es el comienzo de una nueva vida [...] Debo repetir lo que con frecuencia he dicho: Una vida rústica es mucho mejor que una muerte ascética (Mackay 1964:198).

Este mismo autor, un año después, añadió que los pentecostales:

> Tenían algo que ofrecer, algo que hizo vibrar a gente aletargada por la monotonía y desesperanza de su existencia.

Millones respondieron al evangelio. Sus vidas fueron transformadas y su horizonte fue ampliado; la vida cobró un significado dinámico. La realidad de Dios, Jesucristo y el Espíritu Santo —que previamente no habían sido sino términos sentimentales ligados al ritual y al folklore— cobraron nuevo significado, llegaron a ser medios por los cuales se comunicaba luz, fortaleza y esperanza al espíritu humano. La gente se transformó en personas, con una razón por la cual vivir [...] (Mackay 1965:1439).

Posteriormente, agregaría que, «a menos que las iglesias protestantes redescubran dimensiones en su pensamiento y vida que ellas están perdiendo o desdeñando, el futuro cristiano puede estar en un catolicismo reformado y en un pentecostalismo adulto» (Mackay 1969:88–89). Y afirmaría que:

En estos últimos tiempos, los hermanos pentecostales han puesto en alto relieve el papel de la emoción en la religión [...] He aquí una manifestación contemporánea de un emocionalismo evangélico a la vez dinámico y luminoso, que ha sacudido un orden de vida tradicional deprimente, creando una nueva vida en el hombre y en la sociedad [...] Por este movimiento cristiano doy gracias a Dios y recomiendo el estudio y la inspiración de éste a todas las iglesias evangélicas de corte tradicional. Tenemos mucho que aprender de un emocionalismo evangélico que no tenga que ver con el sentimentalismo o el romanticismo, pero que está fundado en el Evangelio promovido por el Espíritu Santo, y es potente en abordar el problema total del hombre, tanto en su alma como en todas las relaciones humanas (Mackay 1970:50–52).

Desde que John Alexander Mackay —«el más notable de los misioneros que vino a latinoamérica» (Míguez 1995:57)— escribió hace más de tres décadas estas observaciones y reflexiones sobre el emergente movimiento pentecostal, el escenario religioso y la ubicación del pentecostalismo dentro de él han cambiado sustancialmente.

Actualmente, la mayoría de los investigadores del movimiento pentecostal estaría de acuerdo con Míguez Bonino cuando señala que el pentecostalismo ha llegado a ser la más conspicua expresión del enorme dinamismo presente en el campo religioso latinoamericano (Míguez 1996:ix). Aceptarían también, sin mayores comentarios, la opinión de Pinnock, para quien este movimiento representa la más poderosa llenura del Espíritu Santo en el siglo xx y el evento más destacado del cristianismo contemporáneo (Pinnock 1996:18). O el punto de vista de Bloesch, quien considera al pentecostalismo como uno de los movimientos espirituales —junto con el ecumenismo— más importantes del siglo xx (Bloesch 2000:179). Suscribirían, incluso, la afirmación de un autor que considera al pentecostalismo como una clara señal del enorme cambio que se avecina, no sólo en cierta esfera religiosa o espiritual en particular, sino para toda la humanidad (Cox 1999:10).

Sin embargo, a pesar de esas coincidencias, cuando se trata de opinar sobre los aspectos más particulares de la experiencia pentecostal, como sus distintivos teológicos específicos o sus aportes para la transformación social, las coincidencias y el consenso no parecen ser un piso común para todos los observadores de este movimiento religioso. De hecho, durante las últimas décadas, desde diversas disciplinas vinculadas a las ciencias sociales y con distintos marcos teóricos, se ha escrito mucho sobre su dinámica interna y su conducta pública.

LOS PUNTOS DE VISTA

Como mencionamos en un trabajo anterior, la preocupación de buena parte de los investigadores, mayormente extraños al mundo pentecostal, se concentró en desentrañar, examinar y descifrar los factores endógenos y exógenos que podían explicar —desde su punto de vista— por qué las comunidades pentecostales han encontrado mayor receptividad y han crecido de manera explosiva entre los pobres y excluidos (López 2000:11).

Más aún, haciendo una evaluación preliminar de los distintos enfoques interpretativos, no siempre coincidentes entre sí, señalábamos que:

> Muchos han visto en el mensaje y en el discurso teológico pentecostal una forma de "adormecer" y de "tranquilizar" la conciencia social de los pobres y de los excluidos. Otros creen que las comunidades pentecostales son sólo simples espacios de "refugio" y de "sobrevivencia" para inmigrantes que, carentes de lazos sociales y referentes culturales, se sienten extraños en las ciudades que los cobijan. Algunos aún más críticos puntualizan que dentro de las congregaciones pentecostales, por medio de prédicas fundamentalistas y apocalípticas, los pastores "taladran" la memoria colectiva y "secuestran" ideológicamente a los pobres, hasta quitarles todo interés y toda preocupación por su presente histórico. Es decir, ven a los pentecostales como personas desinteresadas de su entorno inmediato y como individuos "desenchufados" de su realidad concreta (López 2000:9).

Un rápido repaso del abundante material bibliográfico que hasta la fecha se ha acumulado sobre este sujeto religioso, indica que, en efecto, estas son las opiniones predominantes que circulan en los ambientes académicos vinculados o no al mundo protestante.

Teniendo en cuenta este caudal bibliográfico, y enfatizando que la cultura oral es un elemento clave para comprender la dinámica del pentecostalismo, Quentin Schultze ha resumido en un sugerente artículo los principales factores internos y externos que se han señalado para explicar su explosivo crecimiento numérico (Schultze 1994:68). Él sostiene que se han propuesto razones antropológicas (hambre de Dios), factores espirituales (libre acción del Espíritu Santo), elementos sociológicos (refugio, seguridad, identidad, comunidad), factores culturales (libertad en la adoración y utilización de instrumentos musicales nativos) y componentes de su metodología pastoral como la participación de los laicos.

Con respecto a la dinámica de su crecimiento numérico, se ha sugerido que este tiene siete momentos estratégicos conocidos como crisis, comunidad, experiencia, poder, movilización, moralismo y versatilidad (Wilson 1994:98–110). Se ha argumentado, además, que las congregaciones pentecostales, en cuyas reuniones comunitarias las expresiones de gozo y adoración son libres y espontáneas, crecen entre los pobres porque ellas tienen un cuidado personal por los nuevos convertidos y debido a que son comunidades fraternales en las cuales todos los creyentes son considerados como misioneros (Comblin 1994:217–219).

Lo señalado en el párrafo anterior quizás explique por qué se afirma que se trata de una forma de protestantismo popular (Escobar 1994a:16; 1999:73) o por qué se le reconoce como la primera religión masiva de América Latina (Freston 1998:335, 352). También, por qué se propone que debe ser visto como un movimiento religioso, un movimiento popular, un movimiento que crea comunidad, y un movimiento que moviliza a las personas para la misión (Escobar 1994b:27–29; 1994c:130–134).

Sobre los diversos enfoques interpretativos acerca del movimiento pentecostal que actualmente circulan dentro y fuera del campo religioso, sin desmerecer su contribución para conocer mejor a este sujeto religioso particular, se requiere formular ciertas precisiones como insumos para el diálogo con aquellos que no comparten el punto de vista pentecostal o que miran todavía con ciertas reservas a este sujeto religioso.

En primer lugar, sobre el uso del instrumental de las ciencias sociales, con sus metodologías como la observación participante y las notas de campo, se debe señalar que quienes utilizan estas herramientas se equivocan cuando intentan interpretar "científicamente" al movimiento pentecostal, creyendo que se trata de la única manera válida de interpretarlo. Más aún, se debe subrayar que ellos no pueden pretender explicar con "objetividad" absoluta y certeza indiscutible, ni el fuero interno de los fieles pentecostales ni el poder (*dunamis*) que alimenta, nutre y cataliza su vida comunitaria y su propuesta misionera.

La mayoría de los investigadores que no comparten ni el mensaje ni el *ethos* pentecostal, pierden un valioso elemento de análisis cuando dejan de lado la naturaleza y el carácter religioso específico de este sujeto colectivo. Particularmente, cuando no valoran para nada su dinamismo espiritual interno, relacionando casi de manera directa el surgimiento y la expansión del movimiento pentecostal con ciertos factores sociales, políticos, económicos y culturales propios del entorno histórico, como las crisis existenciales que produce la urbanización acelerada en la vida de los inmigrantes o las condiciones de pobreza material en la cual éstos viven en un medio que les resulta extraño, como lo es el complejo mundo urbano.

En segundo lugar, quienes consideran que acciones individuales o sociales, como los cambios de lealtad religiosa o de mentalidad, son susceptibles de explicarse sólo en términos de simples respuestas humanas a situaciones personales y colectivas críticas, no le dan suficiente valor a la acción de Dios en la historia. Aquí se necesita entender que la dimensión religiosa de la realidad histórica no se explica exclusivamente por medio de modelos teóricos o aparatos conceptuales que pretenden reducir esa realidad sólo a lo tangible, a lo material y lo objetivo.

En tal sentido, cuando se considera al pentecostalismo únicamente como una "secta" religiosa que actúa como una comunidad de refugio para los excluidos o como un movimiento popular que surge del mundo de los pobres y comparte sus rasgos sociológicos, se pierde de vista que la comunidad pentecostal constituye también un sujeto social colectivo con una especificidad religiosa concreta. Se pierde de vista, además, que esa especificidad religiosa concreta incluye una perspectiva teológica particular, una práctica comunitaria concreta, y una propuesta social y política que se expresa y canaliza tanto en su discurso teológico como en su estilo de vida.

Así, más que una religión de los pobres o un lugar de refugio para los "sobrantes" de la sociedad circundante, las comunidades pentecostales localizadas mayormente en las zonas periféricas de los centros urbanos o en las zonas campesinas, son espacios sociales alternativos de recuperación de la dignidad humana. En ellas, además de una democratización efectiva de la palabra y una recuperación de la ciudadanía, germinan nuevas formas de comunicación social y una propuesta teológica "informal" que tiene como centro de su discurso oral —expresado en el canto, la oración, el testimonio, la predicación— la afirmación de la vida y la dignidad humanas como un don de Dios.

Esta teología "informal" o "no tradicional" —pues no se adecua a las maneras tradicionales de formular las propuestas teológicas, es decir, en términos de una doctrina o dogma— refleja, tanto en su lenguaje como en su contenido, la forma de comunicación característica de los sectores populares y proporciona respuestas concretas para las expectativas de los sectores sociales en los cuales el movimiento pentecostal encontró una tierra fértil para asentarse. Sin embargo, cuando se le pide a un pentecostal que escriba o que exprese "con rigor académico" su teología para legitimar y validar así su presencia en el exigente mundo académico o para poder dialogar con otros sectores del pueblo evangélico, se da la impresión de que la única manera válida de hacer teología es explicitando conceptual o racionalmente aquellas convicciones implícitas dentro de un sujeto religioso colectivo, como lo es la comunidad pentecostal, donde lo oral y narrativo tiene preeminencia sobre lo conceptual y lo dogmático. Es así porque en el mundo pentecostal la teología discurre por otros canales que confluyen en el tiempo del culto comunitario. De acuerdo con Steven Land:

> Su liturgia es un despliegue vocal-narrativo de hermandad como la participación en la alabanza, la proclamación, la confesión, los testimonios, y los cánticos que narran un itinerario hacia Dios y con Dios [...] Su culto es ciertamente

una catedral sonora [...] La plegaria es la actividad teológica primaria [...] La oración es [...] la actividad más significativa de la congregación pentecostal (Land 1996:530-531).

En tercer lugar, se debe entender que en el culto pentecostal, participativo y espontáneo, alegre y expresivo, los varones y las mujeres de todas las edades, cuando cantan, oran y dan testimonio de los hechos poderosos de Dios en sus vidas, expresan en el lenguaje del pueblo sus convicciones teológicas y narran su historia cotidiana con Dios. En sus cantos, oraciones y testimonios, hablan de un Dios que camina a su lado en todo tiempo y que "peregrina" con ellos en medio de las vicisitudes de la vida cotidiana.

Así, el culto viene a ser el espacio común de producción teológica, el piso colectivo en el cual se expresan sus convicciones doctrinales. Esto explica por qué para captar la riqueza teológica del pueblo pentecostal, más allá de los esfuerzos loables de un sector "articulado y pensante" o de los "intelectuales orgánicos", las mejores vías o canales son tanto los testimonios y las historias de vida de los fieles como las oraciones y los cantos. Todos estos aspectos constituyen el corazón de su vivencia o los rasgos característicos que dan forma a su espiritualidad. Dan cuenta, además, de la existencia de una teología implícita en el seno de la comunidad pentecostal.

En suma, para una mejor comprensión de la dinámica interna y del *ethos* de este sujeto religioso, parece más acertado un acercamiento teológico como el planteado por Juan Sepúlveda. Este autor, sin dejar a un lado las diversas explicaciones sociológicas, psicológicas y pastorales, respecto al crecimiento numérico de los pentecostales, sostiene que es necesario formular también las razones teológicas si se quiere comprender apropiadamente por qué éstos tienen tanto éxito entre los sectores populares (Sepúlveda 1994:72).

Juan Sepúlveda, sin restarle importancia a los factores externos, cree que la clave de su crecimiento numérico tiene que ser buscada en el pentecostalismo en sí mismo y en el mensaje de salvación que anuncia (Sepúlveda 1994:73). Él afirma que este mensaje tiene las siguientes notas distintivas: a) más que una nueva doctrina, ofrece una nueva experiencia con Dios, un encuentro directo con Él, sin ninguna mediación; b) en la experiencia pentecostal este encuentro con Dios es intenso; es decir, por medio del Espíritu Santo, Dios invade la vida del creyente; c) la experiencia pentecostal no ocurre en la soledad, sino, por el contrario, dentro de una comunidad aceptante; d) la experiencia con Dios que el pentecostalismo proclama es anunciada en el lenguaje del pueblo (Sepúlveda 1989:86–88; 1992:100–104; 1994:72–73).

LOS CAMBIOS EN SU HORIZONTE TEOLÓGICO

Más allá del variado "menú" de interpretaciones o de los estereo-tipos y clichés que circulan acerca de este sujeto religioso en particular, actualmente se puede observar que se está dando un cambio de mentalidad en distintos sectores de la heterogénea familia pentecostal. Como lo ha señalado un observador de este cambio de mentalidad, cuando uno se refiera al movimiento pentecostal, debe darse cuenta de que se trata de un movimiento sociorreligioso de liberación que ha reconstituido la autonomía de los marginados y está creando comunidades alternativas (Bueno 2001:1989). Al respecto, para el caso del pentecostalismo latino-americano, señalábamos lo siguiente en un trabajo anterior:

> Desde su aparición en el escenario religioso mundial, hasta nuestros días, la perspectiva teológica y la práctica social de sectores importantes del amplio movimiento pentecostal ha cambiado sustantivamente. Un sector de su liderazgo, más concientizado políticamente y con una sensibilidad social que se manifiesta de muchas formas, ha ido pasando en los últimos años, de una despreocupación por los asuntos considerados tradicionalmente un tanto "mundanos" y "carnales" como la participación política de los evangélicos, a un creciente interés e involucramiento en experiencias colectivas de servicio al prójimo. Es decir, hay una nueva generación de pentecostales

más conscientes de su ciudadanía, que va dejando atrás el falso dilema que separaba lo individual de lo colectivo, lo personal de lo social, lo religioso de lo secular, y lo sagrado de lo profano (López 2000:10).

Este cambio de mentalidad se puede notar claramente en los recientes aportes teológicos de académicos comprometidos con la vida y misión de comunidades pentecostales concretas[20]. En consecuencia, ya no son solamente los académicos no pentecostales quienes están tratando de comprender a este sector religioso, sino que también los propios académicos pentecostales están interpretando su experiencia y su contribución específica a la vida y misión de la Iglesia.

Todos estos autores, académicos pentecostales "convictos y confesos", tienen como plataforma común una preocupación por reflexionar teológicamente, desde su propio contexto de misión, sin dejar a un lado sus raíces y su herencia pentecostal[21]. Los trabajos de cada uno de ellos dan cuenta tanto de la articulación de una teología explícita de corte pentecostal como del despertar de la conciencia social de un sector creciente de pastores y fieles de estas congregaciones. Intentan explicar:

> [...] las raíces de su herencia común tanto como proponer las pautas teológicas, los elementos misiológicos y las claves hermenéuticas que podrían potenciar aún más todavía la dinámica misionera inherente al pentecostalismo y sus

---

20 Actualmente tenemos aportes teológicos individuales sustantivos (McClung 1986; Thomas 1991, 1998; Land 1992, 1994, 1996; Johns 1993; Faupel 1996; Petersen 1996, 1999; Villafañe 1996; Solivan 1996 y Archer 2006). Se tienen también aportes teológicos colectivos (McClung 1986; Dempster, Klaus y Petersen 1991, 1999). Está, además, el aporte de los sectores pentecostales vinculados al protestantismo ecuménico vía el Consejo Latinoamericano de Iglesias (CLAI). Varios de los trabajos reunidos por Alvarez 1992 y el CLAI 1999, así como el aporte individual de Vaccaro 1990 y Campos 1997, expresan sus preocupaciones teológicas particulares.

21 Existen otros aportes teológicos ignorados en el mundo académico que necesitan ser conocidos por un público más amplio. Así, desde una perspectiva teológica contextual, un pastor pentecostal peruano ha escrito un valioso libro cuyo título es *Sanidad en Isaías: Un enfoque en los Cánticos del Siervo* (Torres 1995).

alcances sociales y políticos para la vida de nuestros países [...] Estos estudios valoran y leen la experiencia pentecostal desde una perspectiva trinitaria, trabajan con la clave de doctrinas bíblicas como el reino de Dios y la misión integral, y proponen el uso del círculo hermenéutico como elemento esencial para que ocurra un cambio sustantivo en el horizonte teológico de las comunidades y de los fieles pentecostales (López 2000:5).

Un ejemplo de este cambio lo encontramos en la experiencia particular de la Iglesia de Dios (Cleveland). En esta denominación se han producido cambios significativos en su horizonte teológico y en su práctica social, especialmente en sectores de su liderazgo latinoamericano más atentos a la realidad histórica en la que cumplen su misión, marcándose así distancia con el rigorismo ético (Hollenweger 1976:111) y la posición política conservadora (Cook 1985:109) que tuvo la mayor parte de su liderazgo —influenciado notablemente por el patrón teológico de su matriz norteamericana— hasta hace pocos años atrás, aunque se puede observar todavía cierto control de la denominación madre sobre las finanzas y la elección de las autoridades nacionales, así como el papel "modelador" que ejerce sobre las iglesias nacionales localizadas —según la perspectiva teológica etnocentrista de los funcionarios norteamericanos de esta denominación— en el campo misionero (Villafañe 1996:76)[22].

En el contexto latinoamericano, si bien un porcentaje respetable de los pastores y líderes todavía continúa dependiendo de las decisiones de la denominación madre en los Estados Unidos en cuestiones clave como la administración de la iglesia y la ética social, se está dando también un paulatino cambio de mentalidad en buena parte de su liderazgo más

---

22 Este autor precisa que con la expresión *papel modelador* se refiere a «la influencia, no demasiado sutil, ejercida sobre las iglesias locales para imitar a la denominación de origen en la liturgia, los programas y la agenda, su ética social y los asuntos y valores patrióticos» (Villafañe 1996:209).

representativo (Obispos administrativos nacionales y directores nacionales de educación). Un primer paso de este proceso de toma de conciencia fue la realización de la *Consulta de Líderes Educacionales de la Iglesia de Dios: Desarrollo de un Modelo Pastoral Pentecostal frente a la Teología de la Liberación* (Saint Just, Puerto Rico, 11–14 de mayo de 1985). Una de las conclusiones más valiosas de este trascendental evento fue el reconocimiento de que la misión de la iglesia comprendía:

> La adoración como un ministerio fundamental de la iglesia hacia Dios a través del culto y del servicio (*diakonía*) [...] La comunión y edificación mutua. La iglesia es llamada a la comunión (*koinonía*), que es un ministerio hacia adentro [...] El discipulado. La misión didáctica de la iglesia de enseñar los preceptos fundamentales de la fe a los nuevos cristianos, y la formación teológica para los diversos ministerios de las iglesias [...] La encarnación o servicio. La iglesia es un grupo llamado hacia el mundo para servir. Este es un ministerio de la iglesia al mundo, su sentir y actuar en el marco de las necesidades presentes, como la justicia, paz y amor [...] La evangelización. La proclamación de las buenas nuevas de libertad a los oprimidos en su aspecto integral y el anuncio de su esperanza futura, la lucha contra la eliminación del mal, y el establecimiento del reino de Dios en la segunda venida de Cristo (Iglesia de Dios 1985:104).

Diez años después del evento de Puerto Rico, se dio un segundo paso con la realización de la *Primera Asamblea Sudamericana de la Iglesia de Dios* (Quito, 3–6 de agosto de 1995). La *Declaración de Quito* aprobada en este evento expresa claramente la toma de conciencia por parte de su liderazgo más representativo, respecto a los desafíos económicos, sociales, políticos y religiosos presentes en la región. En la sección de la *Declaración* titulada «La iglesia frente a los desafíos del contexto de misión», se expresaba que los desafíos para el siglo XXI:

> [...] tienen que ver con una iglesia que responda a las corrientes humanistas secularizantes, movimientos que

rechazan la moral y la religión, proliferación de los grupos, sectas y corrientes religiosas que están apartadas de la sana doctrina. De la misma forma debe responder a la acelerada urbanización, concentración de la riqueza y aumento de la pobreza [...] (Iglesia de Dios 1995:4).

En este mismo documento, se evalúan los efectos de la forma centralizada de gobierno en el trabajo pastoral y misionero de las congregaciones locales, y se señala que:

[...] está llevando, en algunos casos, a ignorar a la congregación local en el nombramiento de pastores, evangelistas y misioneros. La estructura territorial formula planes muchas veces sin consultar a la iglesia local con el afán de llenarse de actividades sin objetivos precisos, matando con ello la creatividad y las iniciativas de la iglesia local [...] Expresamos la necesidad de considerar a la congregación local como la base sobre la cual se levanta la Iglesia del Señor. Debe ser tomada en cuenta para las actividades que la involucren y para la selección de líderes que la dirijan o que son enviados en su nombre (Iglesia de Dios 1995:4).

Estas pistas de reflexión teológica contextual del liderazgo latinoamericano de una denominación considerada como conservadora en términos políticos y demasiado dependiente de la iglesia madre, constituyen indudablemente una clara señal tanto de una toma de conciencia con respecto a la realidad compleja de su tierra de misión, como de una visión más amplia de su responsabilidad misionera integral.

Varias congregaciones locales de esta denominación en distintos lugares de América Latina tienen actualmente, como parte de su tarea misionera cotidiana, diversos proyectos de testimonio integral. Este es el caso de la *Iglesia en el Amor de Cristo* de Buenos Aires, Argentina. De su tarea misionera integral se informaba lo siguiente hace unos años atrás:

La iniciativa de la iglesia de involucrarse en la acción social en Zárate surgió hace cinco años [...] La visión fue y es de presentar el Evangelio por medio del servicio social, cubriendo necesidades materiales y espirituales. Así lo hacía la iglesia primitiva. Así lo hizo también Jesús, que durante su ministerio dio de comer, vistió, visitó, liberó, sanó, salvó e hizo discípulos. Nosotros debemos imitar al Maestro. Nuestra tarea se intensificó durante el tiempo de las inundaciones que castigaron severamente a la [Provincia] de Entre Ríos. Sigue hasta el presente, cuando ya la catástrofe es cosa del pasado. De esta manera nos relacionamos con el intendente de Villa Paranacito y nuestras autoridades municipales, con las cuales formamos una red de ayuda a los afectados por las inundaciones [...] Nuestra red de trabajo en el área de Acción Social abarca el ministerio de Bienestar Social de la Municipalidad de Zárate, la Sociedad de Fomento de nuestro barrio, la Secretaría de Bienestar Social de Villa Paranacito (Entre Ríos), la Secretaría de Prevención y Asistencia de las Adicciones de la Provincia de Buenos Aires. Mediante esta ultima, nos capacitamos e inauguramos uno de los primeros cinco centros preventivos en las iglesias de Zárate [...] (León 2000:7–8).

En la región quichua del Ecuador, desde hace varios años, la Iglesia de Dios de ese país tiene un trabajo social que incluye un orfelinato en el que se brinda un servicio integral a los niños huérfanos. En el caso del Perú, seis congregaciones de la esta denominación localizadas en los barrios más pobres de la ciudad de Lima, tienen programas de servicio integral a todas las necesidades humanas atienden asuntos clave como la alimentación, la salud y la educación de los niños de esos lugares[23].

Aparte de la Iglesia de Dios (Cleveland), entre las denominaciones pentecostales más antiguas como Las Asambleas de Dios, se han generado también cambios valiosos en su dinámica interna y en su cara pública. Al respecto, Douglas Petersen, un misionero norteamericano vinculado a las Asambleas de Dios,

---

23 Para mayor información sobre estas experiencias, consultar el libro *Pentecostalismo y transformación Social: Más allá de los estereotipos, las críticas se enfrentan con los hechos* (López 2000:33–50).

ha escrito una tesis doctoral en la que da cuenta del despertar de la conciencia social de su propia denominación, especialmente en América Central (Petersen 1996:1–260). Petersen estudia el caso de *Latin America ChildCare* (LACC), conocido también como el *Programa Integral de Educación de las Asambleas de Dios* (PIEDAD). Este es un programa educativo que incluye, además, servicios de salud y apoyo alimentario para los niños.

En Ayacucho, *una* zona poblada mayormente por la llamada "mancha india", un eufemismo para referirse a la región más abandonada y pobre del territorio peruano, PIEDAD apoya al *Centro Educativo Particular Apóstol Pablo* de las Asambleas de Dios del Perú. Este colegio fue gestado por el pastor Rómulo Santiago y tiene entre sus alumnos a varios de los huérfanos que dejó la guerra interna que se dio entre Sendero Luminoso y las Fuerzas del Orden durante los años 1980–1995[24].

La existencia de PIEDAD, cuya red se extiende a varios países latinoamericanos, constituye no sólo una novedad en la experiencia misionera de las Asambleas de Dios, sino también un botón de muestra del cambio de mentalidad de los sectores —hasta hace poco tiempo atrás bastante reacios a aceptar que el servicio integral al prójimo formaba parte del testimonio de la iglesia— políticamente conservadores del heterogéneo movimiento pentecostal. Este cambio de mentalidad explica por qué Petersen manifiesta que los pentecostales pueden ofrecer no sólo una forma de refugio espiritual, sino también una auténtica alternativa de acción social (Petersen 1996:233).

Más aún, en un documento denominado *Pentecostal Mission and Social Concern*, que fue resultado de una reunión

---

24 Mas datos sobre este período de violencia política que dejó como saldo negativo miles de personas asesinadas, cientos de personas que fueron desaparecidas y decenas de inmigrantes forzados, así como el papel de la comunidad evangélica en la defensa de los Derechos Humanos, se pueden encontrar en los libros *Los Evangélicos y los Derechos Humanos: La experiencia social del Concilio Nacional Evangélico del Perú 1980-1992* (López 1998) y *La Seducción del Poder: Los evangélicos y la política en el Perú de los noventa* (López 2004).

internacional de pastores y líderes de las Asambleas de Dios reunidos en Bruselas, Bélgica, en abril de 1999, se señala lo siguiente sobre la misión de la iglesia:

> Celebramos la larga historia de los ministerios dedicados a los pobres y a los necesitados del mundo que los creyentes de las Asambleas de Dios comenzaron y continúan realizando a través de sus esfuerzos ministeriales. Nos regocijamos por el creciente impacto de nuestros ministerios de compasión y afirmamos que ellos son una parte integral del evangelio y de nuestro mandato misionero (Asambleas de Dios 1999:117).

Este es un dato particularmente valioso por tratarse de la declaración de misión de la denominación pentecostal más extendida en el mundo, aunque se debe señalar que no necesariamente todos los pastores y líderes de Las Asambleas de Dios en los diversos lugares y contextos en los que esta denominación está presente, suscribirían la afirmación de que la compasión por los pobres es una parte integral del evangelio y de su mandato misionero[25]. Sin embargo, si se compara con la experiencia social de esta denominación en la historia reciente de varios países de América Latina, ya es un avance que parte de su liderazgo afirme que su mandato misionero va mucho más allá de la mera predicación verbal del evangelio.

Estos cambios en el horizonte teológico de un sector significativo del movimiento pentecostal, como en los casos de Las Asambleas de Dios y la Iglesia de Dios (Cleveland), se constata también en la experiencia social individual de un creciente número de miembros de las comunidades pentecostales —especialmente mujeres— que participan activamente en

---

25 Al respecto, es bastante ilustrativo el testimonio de un pastor de las Asambleas de Dios cuya labor pastoral se desarrolla en Huamanga, Ayacucho, una ciudad poblada por muchas familias inmigrantes por causa de la violencia política: «En 1993 me nombraron encargado del área social de la iglesia y me di cuenta [de] que ésta no era muy sensible ante los problemas de la pobreza, incluso tuve una experiencia ingrata cuando recién entré como pastor porque trataron de marginarme por el énfasis que le puse al trabajo social» (Paz y Esperanza 1999:5).

diversas instancias de gestión ciudadana vinculados a los sectores organizados de la sociedad civil. Los ejemplos son muchos y ocurren a lo largo del suelo latinoamericano, y los marcos temporales en los cuales se dieron estas experiencias, han sido principalmente situaciones de crisis económicas o escenarios de violencia política extrema, como fue el caso del Perú en las dos últimas décadas del siglo xx.

De todas estas experiencias, por su carácter emblemático, se ha escogido el testimonio de una dirigente popular que participa activamente en una congregación pentecostal localizada en uno de los barrios más pobres y extensamente poblados de la ciudad de Lima[26]; particularmente, porque la experiencia social de esta mujer evangélica, dirigente popular de amplia trayectoria en espacios colectivos más allá del ámbito estrictamente religioso, ilustra cuál pudo ser el aporte específico de las mujeres evangélicas en esas instancias en las que se tejieron formas alternativas de práctica política[27].

La experiencia de Santosa Layme puede ser considerada como emblemática, especialmente por esa combinación poco común de una mujer pobre, de confesión evangélica, involucrada en cuestiones políticas, dentro de un marco temporal de

---

26 Datos sobre el aporte específico a la consolidación de la democracia de otras mujeres pentecostales que fueron dirigentes populares, durante los años de violencia política, se pueden encontrar en el libro *El Nuevo Rostro del Pentecostalismo Latinoamericano* (López 2002:133–151).

27 Las organizaciones populares fueron en el contexto peruano, como en otras experiencias de América Latina, los vehículos colectivos a través de los cuales se expresaron las expectativas sociales y las aspiraciones políticas de las clases populares (Haber 1997:36). Dentro de una situación de relación conflictiva Estado-Sociedad de larga data que una autora llamó *culturas en conflicto* (Stokes1995:3–15), como en la experiencia peruana, demostraron que tenían un enorme potencial para recrear la sociedad civil y, por lo tanto, para fortalecer la democracia (Haber 1997:122). Esto explica por qué una organización terrorista como Sendero Luminoso, que no permitía la presencia de competidores en las áreas que trataba de controlar e instrumentar para sus propios fines, trató de infiltrarse en las organizaciones populares para controlarlas, manipularlas o destruirlas (Smith 1992:143). Incluso, Sendero Luminoso se infiltró también en las iglesias evangélicas localizadas en zonas pobres de la ciudad de Lima como Ate-Vitarte (Smith 1992:143).

violencia política y crisis económica. Una experiencia que debe examinarse a la luz de datos de la realidad que dan cuenta de que las asociaciones y estructuras religiosas son componentes importantes de la sociedad civil (Smidt 1999:178), y que la religión es tal vez la fuerza más poderosa para la creación de vida comunitaria en las organizaciones populares (Froehle 1994:145).

Santosa Layme fue gestora de un comedor comunitario y de un comité de vaso de leche del distrito de San Juan de Lurigancho, Lima, Perú[28]. Esta dirigente popular de confesión pentecostal, sobre las razones que la llevaron a involucrarse activamente en las organizaciones populares, señalaba que:

> El hambre y la miseria de todas las familias de la zona me animó a fundar el comedor. Primero abrimos el programa de vaso de leche [...] y distribuíamos 100 vasos de leche, pero era muy poco. Muchos niños se quedaban en sus chozas y no almorzaban. Eso me animó a formar el comedor en el local comunal [para] dar de comer a esos niños (Paz y Esperanza 1999:3).

Además, sobre su trabajo concreto en esas instancias de gestión democrática, surgidas desde la base de la sociedad, afirmaba lo siguiente:

> Estamos acostumbradas a este trabajo y le tenemos mucho cariño al comedor. Nosotras nos ayudamos si alguna enferma o si un familiar fallece. Somos solidarias. Siempre les repito a las otras socias que al dador alegre, Dios bendice, aunque no todas ellas son cristianas [...] (Paz y Esperanza 1999:4).

---

28 San Juan de Lurigancho, una de las zonas más pobres de la ciudad de Lima y que había crecido aceleradamente con población inmigrante por causa de la violencia política, desde mediados de la década del ochenta, fue uno de los lugares que Sendero Luminoso trató de controlar como "zona liberada". Dentro de su estrategia, mediante la intimidación y la amenaza a los dirigentes populares (incluso llegó a asesinar a varias de sus dirigentes más destacadas, entre ellas, María Elena Moyano y Pascuala Rosado), intentó tener bajo su control político a las organizaciones de sobrevivencia, pero se encontró con una resistencia que no esperaba, pues a la larga no pudo cumplir con su objetivo de controlar a estos espacios democráticos de gestión ciudadana.

El trabajo de esta mujer pentecostal fue reconocido incluso por personas e instituciones no evangélicas que apoyan el trabajo de las organizaciones populares. Así, según un artículo publicado en uno de los diarios de mayor circulación nacional, esta mujer evangélica:

> [...] fue coordinadora general de su pueblo de 1984 a 1985 y responsable del Centro de Acopio del Vaso de Leche de 1986 a 1988. Fue la primera Secretaria de Prensa y Propaganda de la organización distrital en 1987. Desde 1989 hasta la fecha se ha desempeñado, sin vacilación y valientemente, como coordinadora de manzana de su pueblo [...] (*La República* 1994:6).

Ese mismo año, en una revista publicada por una conocida entidad dedicada a la defensa de los derechos humanos, el Instituto de Defensa Legal, se decía lo siguiente:

> La señora Layme es conocida y querida en su barrio por su dedicación a labores comunitarias. Es presidenta del club de madres de Santa Marta, labora en la coordinación zonal del Vaso de Leche, es promotora del Instituto Peruano de Paternidad Responsable (INPPARES) y colabora con la ONG Flora Tristán en la promoción de la mujer. Dirige el comedor popular de su barrio. Pertenece a la iglesia pentecostal desde hace 16 años y, por cierto, su rechazo a Sendero (Luminoso) es total [...] (Ideele 1994:33).

Precisamente, debido a sus responsabilidades como dirigente de un comité de vaso de leche y de un comedor popular comunitario, ella fue detenida por las fuerzas del orden la madrugada del sábado 28 de febrero de 1994, acusada de colaborar con el terrorismo y de haber dado de comer a miembros de Sendero Luminoso (*La República* 1994:6). Santosa Layme fue sentenciada por un "tribunal sin rostro" —como fue la práctica común en ese período de violencia política— a varios años de prisión y, posteriormente, el 24 de febrero de 1995, fue indultada como parte de un proceso de "rectificación" de la política antisubversiva del Estado. En esos años, debido a la presión interna y externa, el gobierno había creado una *Comisión de Indultos* para que examinara los cientos de casos de inocentes injustamente encarcelados[29].

Santosa Layme, debido a su gestión como dirigente popular, también fue muy apreciada —como ya se ha señalado— por personas no evangélicas. De su gestión se tenía la siguiente opinión:

> Santosa era [...] una mujer siempre dispuesta a emprender las tareas más difíciles, las más democráticas, las más generosas, las que demandan mayor entrega [...] Santosa hablaba sin miedo, en su castellano imperfecto —creo que nunca pasó del primero de primaria—, y nos convencía, había que seguir adelante, había que perseverar, pese a Sendero Luminoso ¡Esas son nuestras mujeres! [...] (*La República* 1994:6).

¿Qué indicativos para la práctica social y política de los creyentes se pueden derivar del ejemplo de esta mujer pentecostal? ¿Es un caso aislado en el mundo pentecostal o, más bien, una señal concreta de la creciente toma de conciencia sobre su ciudadanía que se está dando en varios sectores de heterogéneo movimiento pentecostal? ¿Qué nuevas rutas para el testimonio integral de las iglesias evangélicas localizadas en el mundo de los "pobres entre los pobres" está configurando el testimonio de mujeres pentecostales como Santosa Layme?

No cabe duda —a la luz de los casos estudiados— que se están dando cambios sustantivos en el horizonte teológico

---

29 Ella no tenía nada que ver con una organización terrorista como Sendero Luminoso. Esto fue públicamente aclarado en un diario de amplia circulación nacional: «No se puede menos que subrayar que Santosa siempre ha tenido una abierta y clara posición en contra de Sendero Luminoso y sus crueles acciones de tortura. Su oposición al grupo subversivo siempre fue decidida y una prueba de esta resistencia fue su participación en actos de repudio al terrorismo, como la Marcha por la Paz realizada en San Juan de Lurigancho el 27 de octubre de 1991, *Si es contra mi vecino, es contra mí*, como respuesta colectiva al asesinato de dos dirigentes populares en Juan Pablo II, crimen perpetrado por Sendero Luminoso» (*La República* 1994:6).

de denominaciones del pentecostalismo histórico (como en la Iglesia de Dios y en Las Asambleas de Dios) y de los fieles pentecostales (como en el caso de Santosa Layme). Estos no son casos aislados. A lo largo de América Latina, cada vez de manera mucho más explícita, se vienen dando cambios notables en la perspectiva teológica y en la práctica social y política de diversos sectores del movimiento pentecostal. Así, existen iglesias y miembros pentecostales comprometidos con diversos esfuerzos de ministerio integral, como hogares para niños huérfanos por la guerra, o en tareas concretas de lucha por la defensa de los derechos humanos. En tal sentido, se puede afirmar que:

> La presencia de las mujeres pentecostales en instancias de participación ciudadana vinculadas a la sociedad civil, como los comités de vaso de leche y los proyectos de ministerio integral en iglesias pentecostales de las zonas más pobres de la ciudad de Lima, son claras señales de un cambio de mentalidad respecto a cómo se entiende la relación iglesia-mundo, dentro de muchos sectores del movimiento pentecostal (López 2000:49).

Sin embargo, quedan todavía en su agenda misionera ciertas cuestiones que necesitan resolverse, si es que el pentecostalismo, con su potencial inherente como un movimiento popular que hunde sus raíces mayormente en el mundo de los pobres y de los excluidos, aspira a ser un actor colectivo clave para la transformación social y política de nuestros países.

LAS CUESTIONES CRÍTICAS

La historia del movimiento pentecostal está signada por una serie de experiencias aleccionadoras, de momentos críticos y tensiones internas. Desde sus inicios, produjo controversias y conflictos, incluso dentro del propio movimiento evangélico norteamericano. Lo mismo ocurrió en América Latina. Así, hace varias décadas atrás, cuando las comunidades pentecostales emergieron en el escenario religioso latinoamericano, representaban para el protestantismo evangélico un desafío y una tentación (Míguez 1995:60). En esos años los evangélicos:

> Podían reconocer en los pentecostales su propia teología, sus posturas éticas y su celo evangelizador. Pero sus manifestaciones les resultaban extrañas y su crecimiento a la vez los asustaba y los seducía. Algunos se atrincheran en su identidad denominacional y los rechazan, otros se entusiasman y los emulan (Míguez 1995:60).

Los años pasaron, parte de los problemas y de las crisis se fueron resolviendo sin embargo, tanto los protestantes ecuménicos como los protestantes evangélicos, sólo a mediados de la década del sesenta, les dieron a los protestantes «carta de ciudadanía» protestante (Escobar 1999:71). Los sociólogos de distinto trasfondo ideológico, por su parte, cuando se percataron de su formidable crecimiento numérico entre los pobres y del peso social y político que ese hecho implicaba, fueron pasando del desprecio al interés (Escobar 1999:77). Actualmente, este dinámico movimiento de alcance universal, considerado como una religión hecha para viajar (Cox 1995:102), tiene desafíos concretos que enfrentar.

Uno de los desafíos concretos que tiene el movimiento pentecostal es la tensión entre permanecer únicamente en "Galilea", trabajando en el mundo de los pobres y los excluidos; o dirigir parte de sus esfuerzos a la conquista de "Jerusalén", para disfrutar así de los beneficios temporales que proporciona la cercanía con el poder político[30]. Míguez Bonino ha planteado así el problema:

> Los pentecostales ya no pueden verse a sí mismos simplemente como excluidos. En verdad, ahora están a ambos lados de la orilla del creciente mar de la exclusión, entre quienes, precariamente, han logrado un espacio en

---

30 Aquí se está utilizando los términos "Galilea" y "Jerusalén" en un sentido metafórico para expresar, por un lado, la práctica misionera histórica del movimiento pentecostal, que desde sus inicios a fines del siglo xx, comenzó entre los pobres y los excluidos; por otro, la idea presente en los círculos pentecostales influenciados por la mentalidad "reconstruccionista" y la llamada "teología de la prosperidad", que sueñan con instaurar una suerte de "cristiandad" de cuño evangélico en nuestros países.

tierra firme y tratan de asegurar allí su morada y [...] quienes luchan por emerger de las aguas. En ambos casos, la necesidad de encontrar "un lugar en el mundo" se les hace imperiosa y tratan de abrirse camino para satisfacerla. Unos se aferran a un "evangelio de la prosperidad" que les promete seguridad, progreso material y tranquilidad como consecuencia casi automática de la fe. Otros tratan de ayudarse a sí mismos y a otros mediante diversas formas de solidaridad social. Algunos aspiran a incorporarse a la construcción de la ciudad terrena mediante la participación social y política. En ninguno de estos casos la conceptualidad apocalíptica premilenarista, y en [algunos] casos dispensacionalista, que han recibido responde a su vivencia y su práctica histórica (Míguez 1995:78–79).

Algunos han planteado que para responder a los desafíos contemporáneos que enfrenta el movimiento pentecostal, más que el desarrollo de una cristología, una eclesiología o una pneumatología en particular, lo que se necesita es articular un enfoque trinitario en el que doctrinas bíblicas fundamentales como la creación, la redención y la santificación, no sean vistas como separadas, sino como «actos mutuamente inclusivos de un solo Dios»: Padre, Hijo y Espíritu Santo (Míguez 1999:122). Más aún, se señala que «todo lo que ha hecho Dios —ya sea en la naturaleza, en la historia, en la iglesia, en la misión y en nuestros corazones— son inseparables» (Míguez 1999:122). En palabras de un autor:

[...] la importancia de la recuperación de la concepción del Dios trino tiene que ver con el reduccionismo que experimenta la misión de la iglesia latinoamericana, ya sea el protestantismo liberal, el evangélico o el pentecostal, especialmente en cuanto a la responsabilidad social de los cristianos [...] La importancia de entender la misión trinitariamente se traduce para nosotros como una invitación a la búsqueda de *shalom* y justicia en nuestra sociedad, y nos convoca y recluta para compartir una fe leal, un amor expeditivo y una esperanza creadora (Hong 2001:123).

De lo dicho hasta aquí, se deduce que los puntos de vista apocalíptico, premilenarista o dispensacionalista no ayudan mucho a responder a los desafíos planteados por temas críticos como la participación social y política de los creyentes, la defensa de la dignidad humana de todas las personas o una crítica teológica de la política económica implementada en nuestros países[31]. Un acercamiento teológico trinitario a estos asuntos tiene, ciertamente, un horizonte de posibilidades mucho más amplio que el de los limitados enfoques milenaristas, ya que abre puertas para «un diálogo constructivo y puede proveer las bases para una acción común en oración, misión y servicio» (Míguez 1999:123).

Consecuentemente, una reflexión teológica contextual sobre el valor imponderable de la vida humana, teniendo en cuenta la enseñanza bíblica sobre la dignidad intrínseca del ser humano como creación de Dios, así como la enseñanza bíblica sobre la encarnación y la obra expiatoria de Cristo, desde la experiencia del creyente que se ve a sí mismo como templo del Espíritu Santo, puede catalizar la articulación de una ética social con una base teológica más ancha para las congregaciones pentecostales. Una reflexión teológica así interpelará todos los intentos por reducir las fronteras de la misión cristiana al ámbito puramente "religioso" o "espiritual" de la vida humana, desnudará a todas aquellas "teologías" que sostienen que la lucha por los derechos humanos no tiene raíz bíblica y es ajena a la teología evangélica, y pondrá en tela de juicio los enfoques"pastorales" que tratan a las personas como cosas desechables o como simples cifras estadísticas.

Lo mismo ocurre con la doctrina bíblica del reino de Dios, poco desarrollada todavía en la mayor parte del mundo

---

31 Un teólogo latinoamericano ha señalado que son dos los aspectos centrales que los pentecostales necesitan revisar: «[...] el fundamentalismo bíblico y el apocalipticismo premilenarista» (Míguez 1995:76). Según este autor: «[...] persiste la necesidad de que el movimiento pentecostal examine su teología explícita en términos de la teología implícita en su experiencia fundante» (Míguez 1995:75).

pentecostal, pero que vista desde un ángulo trinitario, puede ayudar para que los pentecostales no se desconecten del mundo de Dios en el que ellos cumplen su tarea pastoral y su compromiso misionero impulsados por el Espíritu. Una reflexión teológica trinitaria sobre la doctrina bíblica del reino de Dios, entendida como la instauración de la Paz y la Justicia en todas las relaciones humanas, permitirá que se supere la dicotomía entre la experiencia religiosa y los asuntos seculares que tanto han afectado su práctica pastoral y misionera. En otras palabras, antes que un llamado a vivir aislados del mundo o a separar lo sagrado de lo profano, esta doctrina bíblica relaciona la fe cristiana con hechos concretos, como el compromiso político de luchar por la justicia social aquí y ahora.

De allí se entiende que la presencia de los miembros de las iglesias pentecostales en las organizaciones sociales y políticas, antes que una negación de su fe, son dos formas legítimas de servicio a Dios, pues «la misión de la iglesia incluye el compromiso de librar una lucha de poderes contra las estructuras de pecado y de maldad» (Villafañe 1996:173). En tal sentido, todos los espacios sociales tienen que ser vistos como terrenos legítimos en los que se manifiesta la gracia de Dios y en los cuales los creyentes están llamados a anunciar y vivir todo el Consejo de Dios. En consecuencia, para su peregrinaje colectivo futuro, los pentecostales harán bien si escuchan atentamente —y mejor aún si las asimilan y ponen en práctica— las palabras de José Míguez Bonino, el decano de los teólogos evangélicos latinoamericanos:

> Muchos han advertido que el ropaje teológico que el pentecostalismo latinoamericano ha heredado es demasiado estrecho para abrigar su experiencia o para permitirle la expresión libre de su vigor. Se trata, pues, de que desde esa misma experiencia se libere de las distorsiones y halle un lenguaje teológico que le sirva para explorar la riqueza de la experiencia del Espíritu y para superar así las contradicciones que a menudo se advierten entre su experiencia religiosa, su vigor eclesial, su conciencia de solidaridad y su pertenencia

popular, por un lado, y el lenguaje y marco teológico en que pretende encuadrarlas y expresarlas, por otro [...] (Míguez 1995:75-76).

Sin embargo, no se trata únicamente de enmarcar sus presupuestos teológicos en una perspectiva trinitaria, para que se exprese mejor el vigor y el dinamismo inherente a la experiencia pentecostal. Ellos deben tener en cuenta, además, determinados aspectos de su herencia histórica y de sus antecedentes espirituales. En palabras de un teólogo pentecostal:

> La iglesia pentecostal latinoamericana comparte también una herencia teológica. Suscribe los cuatro principios básicos de la Reforma: la gracia sola, Cristo solo, la Escritura sola y la fe sola; no obstante, la iglesia pentecostal en sus orígenes —y particularmente la iglesia pentecostal hispana en su origen y desarrollo— ubica a sus "ancestros espirituales" en el ala izquierda de la Reforma. Esto es cierto tanto respecto de sus miembros —los pobres y oprimidos— como de sus formulaciones éticas y teológicas (Villafañe 1996:11).

Así que, cuando tengan que enfrentar desafíos concretos como la incursión en la vida pública o su compromiso con la defensa de la dignidad humana de los pobres y los menesterosos, los pentecostales de la nueva generación no deben olvidar que «los orígenes históricos y el desarrollo de la iglesia pentecostal han tenido lugar entre los pobres y los oprimidos» (Villafañe 1996:11). Esto es particularmente cierto cuando se examinan, por ejemplo, los orígenes sociales de la Iglesia de Dios (Cleveland), una de las denominaciones del pentecostalismo histórico más extendidas en el mundo (Crews 1990:1-252). Los orígenes sociales de esta denominación indican que las "Galilea" de ese entonces fueron su tierra misionera, los terrenos por los que transitaron llevando las buenas nuevas de liberación en el poder del Espíritu, los lugares en los que irrumpió el pregón del reino de Dios y la novedad de vida que trae el soplo del Espíritu a todos aquellos que se encuentran con el Cristo encarnado, crucificado y resucitado, del cual dan testimonio las Escrituras.

Las comunidades pentecostales de este tiempo tienen que recordar su pasado revolucionario, ya que desde su emergencia en el escenario religioso mundial, ellas fueron espacios en los cuales los "sin voz" recuperaron su ciudadanía en una sociedad que los excluía y tenía como simples objetos desechables. Deben recordar también que para los pobres y "harapientos" del mundo, la pertenencia a una comunidad fraternal donde todos eran tratados como iguales, les dio la fuerza moral necesaria —los empoderó— para enfrentarse a las adversidades de cada día y reclamar su lugar en la sociedad como seres humanos de carne y hueso y ciudadanos con plenos derechos.

Ese pasado revolucionario, esa herencia histórica catalizadora de nuevas relaciones sociales, ese potencial propio de su vitalidad misionera, no tiene que perderse ni quedarse como un dato de su pasado glorioso. Los pastores y líderes pentecostales que sueñan con alcanzar el poder político y anhelan ubicarse en las "Jerusalén" de este tiempo para disfrutar de sus beneficios materiales temporales, deben entender que no se necesita sacrificar en el altar de la "religión sin misericordia" y en el altar de las "políticas públicas sin rostro humano", a los millones de los pobres y excluidos que viven en las "Galilea" contemporáneas.

La incursión en la vida pública es parte integral del compromiso misionero, como también lo es la participación en la lucha por la defensa de la dignidad humana. Así, tanto en "Galilea" como en "Jerusalén", caminando por las zonas pobres o por los pasillos del poder, los pentecostales no deben olvidar que la presencia en la arena política y la defensa de los derechos de los sectores sociales desprotegidos, son dos formas de vivir en el Espíritu. En tal sentido, "Galilea" y "Jerusalén" son espacios sociales en los cuales se requiere la presencia de misioneros empoderados por el Espíritu que proclamen y vivan los principios innegociables del reino de Dios sin inclinarse ante los "dioses de este siglo" o ante "los señores temporales".

Los pentecostales tienen que insertarse tanto en el mundo de los pobres como en los centros de poder político sin perder en ningún momento su vocación de luz del mundo y sal de la tierra. Particularmente, cuando caminen por los lugares periféricos o las "Galilea" contemporáneas, tienen que entender su incursión en esos lugares, no solamente como oportunidades para predicar verbalmente el evangelio, sino como una manifestación natural del amor de Cristo que los lleva a identificarse con la humanidad sufriente y el prójimo que está en una situación de indefensión.

Pero la tarea que viene por delante es todavía más desafiante. Al respecto, si la opinión de Vinson Synan es acertada, los pentecostales deben estar conscientes de la siguiente observación:

> La historia reciente del crecimiento de la iglesia en África y en América Latina indica que los asuntos cristianos en el siglo XXI estarán completamente en las manos de las crecientes iglesias pentecostales del Tercer Mundo y de un Catolicismo Romano inspirado y reavivado por el avivamiento carismático (Synan 1997:297–298).

Entonces, siendo el movimiento religioso de raíz cristiana que más crece, particularmente en el Sur del mundo, el pentecostalismo tiene entre sus manos varios asuntos "calientes" que resolver en el corto y mediano plazo, si es que realmente aspira a constituirse en la sociedad alternativa que los pobres y excluidos andan buscando, y en un agente de transformación social que coadyuve a hacer de este mundo un espacio habitable para todos los seres humanos, especialmente para los pobres y oprimidos. Entre estos asuntos se encuentran su participación en la cosa pública, lo que le exige la articulación de una ética social, la defensa irrestricta de todos los seres humanos como creación de Dios y la lucha contra el escándalo de la pobreza que afecta a millones de seres humanos que viven en las "Galilea" de este tiempo.

Capítulo 3

FORMACIÓN TEOLÓGICA Y MISIÓN INTEGRAL

Apuntes para la construcción de una agenda común

Como herederos de la Reforma Protestante e hijos espirituales del Movimiento de Santidad, y siendo uno de los sectores de la comunidad evangélica que mejor ha puesto en práctica el sacerdocio universal de todos los creyentes, empoderando a mujeres y varones sin entrenamiento teológico formal, para servir en los distintos campos que comprende la misión integral de la iglesia, los pentecostales latinoamericanos y caribeños debemos entender que una de las consecuencias directas de este principio protestante clave es la exigencia de que todos los miembros de nuestras congregaciones locales —varones y mujeres de todas las edades, de toda condición social y de todo trasfondo cultural— articulen coherentemente su fe y aprendan a pensar teológicamente. Tiene que ser así, sobre todo, si se quiere hacer frente con eficiencia y eficacia, a los múltiples desafíos que el mundo contemporáneo le plantea al conjunto del pueblo evangélico.

Precisamente, para que los creyentes articulen coherentemente su fe y piensen teológicamente dentro de la realidad histórica particular en la que están situados como seres humanos de carne y hueso, se requiere establecer una estrecha colaboración entre las congregaciones locales y los distintos centros de formación teológica. ¿Por qué? Entre otras razones, porque ellas son el laboratorio básico en el cual los creyentes aprenden los rudimentos de la fe y son socializados —paulatinamente— en la subcultura evangélica, y porque los centros de formación teológica deben estar al servicio de las congregaciones locales para que ellas puedan cumplir con la misión que les ha sido encomendada.

¿Qué se debe hacer para que la relación entre las congregaciones locales y los centros de formación teológica sea más estrecha y fluida, más respetuosa y saludable, más intencional y orgánica, coadyuvando así a la extensión del reino del Dios en nuestros pueblos? El análisis crítico de los aciertos, las fallas y limitaciones que se han tenido en el campo de la formación teológica, desde la inserción misionera de la Iglesia de Dios (Cleveland) en América Latina y el Caribe, hasta nuestros días, puede responder a la pregunta planteada y ayudarnos a trazar una agenda común para las próximas décadas.

LOS ACIERTOS

Siendo el sector evangélico que más se ha extendido en América Latina y que actualmente constituye la manifestación más dinámica y vigorosa del movimiento evangélico en el Sur del mundo, no cabe duda de que la formación de pastores y líderes en el camino, vía los institutos bíblicos y la educación teológica por extensión, ha sido uno de los mejores aciertos que han tenido denominaciones pentecostales como la Iglesia de Dios. Ha sido así porque mediante estos espacios de educación teológica formal e intencional, se pudo atender de manera directa al creciente contingente de nuevos creyentes —proveniente principalmente de un catolicismo "nominal", "cultural" o de "estadística"— que requerían de urgente ayuda pastoral y enseñanza básica de los principios clave de la fe a la que se adherían, con la expectativa de ser instruidos en todo el consejo de Dios.

En efecto, cualquier observador que ha seguido de cerca el crecimiento numérico exponencial de las iglesias pentecostales en el Sur del mundo, podría dar cuenta de que los pastores, mayormente laicos y con limitada formación bíblica, encontraron que la red de institutos bíblicos y los programas de educación teológica por extensión, respondían a sus necesidades y les ayudaban a cubrir los vacíos que ellos tenían debido a que carecían de entrenamiento teológico formal. En otras palabras, los institutos bíblicos y programas de educación teológica por extensión, fueron medios clave para el entrenamiento de pastores y líderes que debían atender, sobre la marcha y de manera un tanto artesanal, a un número creciente de nuevos creyentes que se integraban a las congregaciones locales. En lugares de culto donde habían tenido un encuentro inmediato con Dios, encontraban una nueva familia, y asumían desde el inicio de la carrera cristiana, diversas responsabilidades relacionadas con la misión de Dios y posiciones iniciales e intermedias en el liderazgo local.

Sin embargo, aunque los años pasaron y la composición social de las congregaciones locales fue cambiando y las necesidades pastorales de los miembros se fueron diversificando, buena parte de los centros de formación teológica continúan repitiendo todavía los "discursos teológicos" de las décadas del setenta y del ochenta del siglo xx, y no parecen haberse dado cuenta de que el mundo ha cambiado dramáticamente en las dos últimas décadas. Tampoco parecen haber advertido que los miembros de las congregaciones locales necesitan aprender a pensar críticamente su fe para responder adecuadamente a los diversos y complejos desafíos éticos, sociales y políticos, con que se encuentran en los distintos espacios colectivos en que transitan como ciudadanos, cuyos deberes y derechos son los mismos que los de los ciudadanos no evangélicos.

Teniendo en cuenta que en la mayoría de nuestros centros de formación teológica se transmiten todavía contenidos orientados a la formación masiva de pastores y líderes a quienes se prepara para atender a un público homogéneo, conformado principalmente por pobres materiales e inmigrantes, cabe preguntarse lo siguiente: ¿Los modelos de institutos bíblicos, seminarios residenciales y de educación teológica por extensión, siguen siendo útiles para atender a un público mucho más diverso, con mayor acceso a la educación superior y con otro tipo de expectativas sociales y políticas? ¿No habrá que revisar estos modelos y especialmente los contenidos teológicos que se transmiten en el aula de clases y a través de la literatura que los estudiantes y profesores leen con frecuencia como si fueran documentos "ex cátedra", indiscutibles, "canónicos"?

Más aún, ¿han entendido los educadores de la Iglesia de Dios que las necesidades de los miembros de las congregaciones locales ya no son solamente aquellas catalogadas en otro tiempo como "espirituales", y que nuestras congregaciones son actualmente reconocidas como sujetos sociales y políticos vinculados a la sociedad civil organizada? ¿Qué tipo de pastores y qué modelos pastorales están ofreciendo los centros de formación teológica a las congregaciones locales? ¿Qué teología van a transmitir los graduados de nuestros centros de formación teológica cuando se inserten en una congregación como pastores o en otros campos de servicio como la enseñanza o la consejería? ¿Transmitirán una teología "prestada", "manufacturada" en otra realidad histórica y para un público habituado a consumir bienes religiosos útiles para la "piedad privada", pero que no tiene ningún efecto en la vida pública?

LAS FALLAS

Varias han sido las fallas que se han tenido, particularmente cuando la educación teológica no se mantuvo en "sintonía" con la realidad cotidiana de los miembros de las iglesias y con la dinámica interna de las congregaciones locales. Entre las fallas que se pueden detectar hasta la fecha se encuentra la teología prestada y repetitiva que se "respira" todavía en las instituciones educativas vinculadas a la Iglesia de Dios. Una teología dependiente de patrones de pensamiento y formas de comprender la fe evangélica un tanto extrañas a la perspectiva bíblica, y más emparentada a la cultura y la ideología de buena parte de los misioneros extranjeros. Lo mismo se puede decir con respecto a las predicaciones y las lecciones de Escuela Dominical, descontextualizadas y tributarias de teologías forjadas en otros marcos históricos y, por lo tanto, poco útiles para un testimonio individual y público orientado a la transformación social y política de la tierra de misión.

¿Qué otras fallas lamentables, además de las ya mencionadas previamente, se han tenido en todos estos años y que dan cuenta de las enormes grietas que se tuvo en la formación teológica de los pastores y líderes? Fallas que afectaron notablemente la tarea de equipar a los santos para un testimonio cotidiano ejemplar y distintivo en un marco temporal caracterizado por problemas endémicos como la pobreza, la exclusión, la corrupción y las demandas sociales insatisfechas. Quizá, la otra falla lamentable fue la configuración de un rostro público que hizo parecer a las iglesias y creyentes como extraños en su propia tierra, despreocupados por los asuntos públicos que afectaban por igual a creyentes y no creyentes, justificadores de regímenes opresivos y de políticas económicas que cosificaban a los seres humanos; una grave falla que los llevó a tener poco interés en asuntos críticos como la defensa de la dignidad de todos los seres humanos como creación de Dios, excepto, cuando parecía peligrar la libertad de conciencia y de religión, o cuando estaban en juego los temas vinculados a la ética sexual.

De lo dicho hasta aquí, se puede formular algunas preguntas, siempre con la intención de examinar críticamente la relación entre las congregaciones locales y los centros de formación teológica. ¿Qué caminos se deben seguir para articular una teología que responda de manera creativa y pertinente a los problemas cotidianos que creyentes y congregaciones tienen que enfrentar en las realidades misioneras en las cuales están inmersos? ¿Cómo cambiar el rostro público de nuestras iglesias, consideradas usualmente en ciertos círculos académicos y políticos, como fábricas sociales de "tontos útiles" del sistema predominante y como tenaces opositoras a los cambios estructurales? ¿Seguirán siendo las congregaciones locales los "lugares de experimentación pastoral" de los estudiantes y graduados de nuestros centros de formación teológica con todo el saldo negativo que se deriva de una formación teológica poco atenta a las relatividades del tiempo presente?

Para responder a las preguntas planteadas líneas arriba se requiere, entre otras cosas, repensar temas bíblicos claves para la articulación de una teología contextual. Entre ellos, el pecado, especialmente su dimensión estructural; la santidad, particularmente su dimensión social y política; la justificación por la fe, específicamente su relación con la justicia social y los asuntos públicos; la esperanza cristiana, concretamente su ángulo crítico a las utopías humanas y la pretensión mesiánica de los "señores" temporales. Se requiere repensar, además, la metodología que se aplica en la formación teológica de los futuros pastores. Sobre todo, si esta metodología sigue afincada en un modelo educativo "bancario" que no coadyuva a forjar un pensamiento crítico capaz de diferenciar la Palabra de Dios del variado "menú" de palabras humanas que circulan en la sociedad contemporánea.

Aparte de lo ya señalado, se requiere repensar también el modelo de congregación que se desea construir, especialmente si se tiene en cuenta que el rostro público de ella depende mucho de la perspectiva teológica que tienen los pastores y líderes formados en los centros de educación teológica. Pero ¿estamos preparados para una reflexión crítica de nuestra fe en diálogo con los problemas sociales, políticos, económicos, culturales y religiosos que interactúan en el entorno de misión? ¿Qué hace falta para que nuestra reflexión teológica "aterrice" en el contexto de misión y responda adecuadamente a las diversas violencias que afectan a todos los ciudadanos, entre ellos, los miembros de nuestras congregaciones locales? ¿Cómo pastorear de manera fiel y responsable a los miles de "crucificados" de este tiempo y cómo "reconstruir" la imagen de Dios en los niños y adolescentes cuyos derechos humanos básicos son vulnerados cada día, ante la indiferencia, apatía y silencio cómplice de muchos religiosos, entre ellos, pastores y obispos de la Iglesia de Dios? ¿Qué palabra pastoral tenemos para ellos? ¿Una palabra pastoral de resignación que actúa como sedante y los desmoviliza social y políticamente?

LAS LIMITACIONES

Una manera de explicar —y en ocasiones de "justificar"— las fallas ya mencionadas, puede ser la carencia de profesores especializados en los distintos campos de la educación teológica y poco dispuestos a pensar teológicamente debido a la formación sesgada que recibieron, y puede ser también la ausencia de recursos bibliográficos distintos a los que nos acostumbraron a identificar como "evangélicos" y afines a nuestra familia confesional. En efecto, asuntos fácilmente detectables como la "mentalidad de catacumba" de los pastores y líderes, así como su provincialismo teológico, pueden explicar las graves fallas que se tuvieron en la formación de los conductores espirituales de las iglesias locales, y pueden explicar también la escasa reflexión teológica contextual que se ha tenido en todos estos años.

Sin embargo, todo esto no puede justificar el desinterés que se ha tenido por las realidades concretas de miseria material, desocupación y subempleo, violación sistemática de derechos humanos, analfabetismo o marginación social, que debían enfrentar diariamente los miembros de nuestra denominación a quienes se les "preparaba" para ir al cielo prometido, pero no para ser ciudadanos ejemplares en la sociedad terrenal en que estaban inmersos como seres humanos de carne y hueso. ¿A qué tipo de sociedad se podía aspirar con ese trasfondo "teológico" que enajenaba a los creyentes del círculo vital donde transitaban cada día? Más aún, ¿cómo se puede corregir esta lamentable falla que afecta notablemente el testimonio público de nuestras congregaciones y el peregrinaje cotidiano de los creyentes en las distintas avenidas sociales en que caminan como cualquier otro ciudadano de nuestros países?

LOS PUNTOS DE AGENDA

Del análisis somero de los aciertos, las fallas y limitaciones detectadas en la relación entre las congregaciones locales y los espacios habituales de formación teológica que ha tenido la Iglesia de Dios en América Latina y el Caribe, se puede intentar bosquejar una agenda mínima para nuestro peregrinaje colectivo; una agenda que nos permita avanzar un poco más en este campo y transformar el rostro público de nuestra denominación en una región en la que, paso a paso, las confesiones religiosas no católicas comienzan a ser tomadas en cuenta por las instituciones vinculadas al Estado, la comunidad política y la sociedad civil organizada. Al respecto: ¿Estamos articulando un lenguaje público que sea "potable", "digerible", comprensible, para la comunidad política y la sociedad civil que esperan de nosotros una opinión sobre las políticas de Estado y los temas coyunturales críticos?

Como insumo para la discusión comunitaria, propongo los siguientes puntos de agenda para los próximos años, puntos de agenda interconectados entre sí y que deben ser atendidos local, nacional y regionalmente:

1. Rediseñar la malla curricular o el plan de estudios de nuestros centros de formación teológica (institutos bíblicos, seminarios residenciales, programas de extensión) buscando que respondan no solamente a las necesidades coyunturales de la denominación o al interés particular de un liderazgo

siempre eventual, sino a los desafíos concretos que tienen los creyentes y las congregaciones locales en el terreno de misión específico en el cual están situados.

Para que esto sea posible, se requiere cierto "olfato" para leer lo que en el mundo católico romano se denomina "los signos de los tiempos", y caminar al lado del pueblo "de a pie", cuyos intereses cotidianos no siempre coinciden con lo que agrada al "paladar" de los pastores y obispos de la Iglesia de Dios. Se requiere entender, además, que los pastores y obispos tienen que ser no solamente líderes espirituales de las congregaciones locales o de la denominación nacional, sino también líderes de opinión en los asuntos de la agenda pública y ciudadanos ejemplares preocupados por el bien común.

2. Implementar un plan intencional de formación teológica especializada de nuestros cuerpos docentes. No tanto para que se "profesionalicen" y conviertan en "expertos" divorciados de la vida y misión de las congregaciones locales, sino para que, estando entrenados en las distintas disciplinas vinculadas al quehacer teológico, sean capaces de coadyuvar a la articulación de una teología forjada en el camino del servicio, desde la realidad material en la cual dan testimonio del Dios de la Biblia.

   Para que este plan "aterrice", se requiere invertir económicamente y apostar por los más jóvenes —mujeres y varones— que tienen todavía la capacidad de soñar y mirar lejos, aunque en el mundo ambiguo de este tiempo, nadie puede garantizar que los jóvenes no estén contaminados también con el "virus" de la "religión del consumo".

3. Identificar los temas bíblicos en los cuales se ha tenido una perspectiva reduccionista que castró el potencial de estos temas para transformar el rostro público de nuestras iglesias y catalizar el ejercicio de una ciudadanía responsable por parte de los creyentes. Así, temas eminentemente bíblicos como la dimensión estructural del pecado, la dimensión social y política

de la santidad, la defensa de la dignidad humana como una forma de vivir en el Espíritu, la vinculación de la justificación por la fe con la exigencia de preocuparse por la justicia social aquí y ahora, o la relación que tiene la esperanza cristiana con el establecimiento de estructuras de poder orientadas al bien común, deben incorporarse tanto al lenguaje habitual de pastores y creyentes, como a la conducta pública que estos tienen como miembros de una polis específica.

4. Pensar colectivamente en el tipo de congregaciones locales que se quieren forjar, entendiendo que esto va amarrado al producto final que se obtiene como resultado del proceso de formación teológica ofrecido en los institutos bíblicos, seminarios residenciales o programas de extensión. En otras palabras, para forjar congregaciones que sean una suerte de sociedades alternativas, contraculturas cristianas, comunidades de resistencia activa a los poderes fácticos, o señales visibles de la presencia del reino de Dios en el escenario de la historia, un elemento clave será la perspectiva teológica que impulsa y perfila la práctica pastoral de los obispos y pastores locales.

¿Habrá suficiente ganas y tiempo para embarcarnos en esta tarea que exige una reingeniería de la estructura administrativa de la Iglesia de Dios y de la estructura mental de sus conductores espirituales? ¿Seremos capaces de pensar y soñar colectivamente, como latinoamericanos y caribeños, para que la Iglesia de Dios sea realmente una señal palpable del reino de Dios en un marco temporal en el que los pobres y excluidos tienen hambre y sed de justicia?

No olvidemos que precisamente los pobres y excluidos siguen siendo el contingente mayoritario en nuestras congregaciones locales y las víctimas que sufren las consecuencias de lo que un teólogo ha llamado "los círculos infernales de violencia" o "los sistemas de injusticia" (pecado estructural o injusticia institucionalizada). ¿Hemos pensado seriamente, como educadores y pastores del rebaño de Dios, en estos asuntos críticos que afectan por igual a creyentes y no creyentes? Todavía estamos a tiempo para corregir las fallas y superar las limitaciones que hemos tenido. Aún se puede escribir una historia distinta de la que hasta la fecha hemos escrito en nuestras tierras.

Pero ¿la escribiremos colectivamente los miembros, líderes de base, pastores locales y obispos de la Iglesia de Dios en América Latina y el Caribe? ¿O seguiremos pensando que el Dios de la Biblia es propiedad privada de una cultura en particular, de una lengua extranjera, de una raza privilegiada, o de jerarquías religiosas "iluminadas" que reciben una "revelación especial" velada para los pobres y excluidos del mundo? Ojala que lo dicho previamente no sea cierto y que la Iglesia de Dios tenga una cara pública que muestre que en efecto está cumpliendo responsablemente con su vocación de ser la sal de la tierra y la luz del mundo. Ojalá que no esté participando en las obras infructuosas de las tinieblas, sino que siguiendo el consejo de San Pablo en su carta a los Efesios, las esté reprendiendo, andando como tienen que andar los hijos de luz.

Como pentecostales latinoamericanos y caribeños, si leemos bien nuestra historia y seguimos el ejemplo de quienes nos antecedieron en este camino, no deberíamos tener problemas para entender que la vida en el Espíritu no está reñida con una legítima preocupación por las condiciones materiales en que viven los creyentes, y para entender que la esperanza cristiana no está divorciada de la construcción de un mundo que sea un espacio más habitable para todos los seres humanos. Más aún, para nosotros, debería estar suficientemente claro que la Iglesia de Dios está llamada a ser una comunidad de resistencia activa a todos los caminos de muerte que se oponen al Espíritu de vida y que los creyentes deben ser artesanos de la paz de Dios en sus lugares habituales de misión. ¿No fueron así las primeras iglesias pentecostales y no fue esa la conducta pública de nuestros ancestros espirituales en el mundo convulso de su tiempo? Dejemos entonces que el Espíritu —antes que la mentalidad empresarial— conduzca a la Iglesia de Dios, ensanche el horizonte de su misión y la renueve completamente, para que proclame en el poder del Espíritu todo el consejo de Dios a todos los públicos humanos.

Capítulo 4

ESPIRITUALIDAD PENTECOSTAL

Insumos para el camino

Las líneas que siguen son reflexiones en voz alta sobre la espiritualidad pentecostal y, pretenden ser solamente insumos para la discusión comunitaria. No constituyen en ningún sentido una "palabra final" o un intento de "pontificar" sobre el tema en cuestión. Esto es así porque se trata simplemente de reflexiones de un militante en el camino del servicio al Señor de la misión, de un compañero de jornada, de un discípulo del Dios de la vida, de un creyente que busca comprender un poco mejor la ruta del seguimiento a Jesús de Nazaret encarnado, crucificado y resucitado.

Comenzaremos nuestra reflexión citando seis formas de entender la espiritualidad que se han planteado en los últimos años, para después elaborar o articular una definición de espiritualidad en diálogo con las otras formas de entender esta disciplina. Seguidamente, examinaremos las prácticas corrientes que a lo largo de los años visibilizaron la espiritualidad de las iglesias pentecostales, así como los efectos que tuvieron en su testimonio público.

Haremos luego un bosquejo, como si fuera un retrato al paso, de las notas distintivas de la "espiritualidad" de lo que bien podría llamarse la "religión de consumo". Mencionaremos también, brevemente, las prácticas corrientes en el mundo evangélico, conocidas tradicionalmente como las disciplinas espirituales. Finalmente, a modo de conclusión, se elaborará una agenda mínima para este tiempo, como plataforma de acción orientada a la configuración de un nuevo rostro público de las iglesias pentecostales.

LAS PERSPECTIVAS ACTUALES

Se la ha definido la espiritualidad cristiana de varias maneras, dependiendo de la confesión religiosa de la que uno proviene, de la posición teológica que se asume y de la experiencia de vida. Las siguientes son sólo algunas definiciones surgidas en las dos últimas décadas:

* Un estilo de vida, una manera de ser y de hacerse discípulo de Jesús [...] una manera de pensar y actuar, de caminar según el Espíritu [...] (Gutiérrez 1986:14).

  Espiritualidad es una forma concreta, movida por el Espíritu, de vivir el evangelio. Una manera precisa de vivir ante "el Señor" en solidaridad con todos los seres humanos, "con el Señor", y ante ellos. Ella surge de una experiencia espiritual intensa, que luego es tematizada y testimoniada (Gutiérrez 1988:312).

* Un modo de responder, un modo de vivir la vida del Espíritu Santo [...] En obediencia a Dios, el seguimiento de Jesús en el poder del Espíritu [...] Toda espiritualidad verdadera es, en última instancia, amar a Dios y a nuestro prójimo como a nosotros mismos (Villafañe 1996:144, 145, 149).

* Una integración de las creencias y las prácticas en los afectos que son evocados y expresados por esas mismas creencias y prácticas (Land 1997:13)[32].

* La espiritualidad entendida como el proceso continuo por medio del cual seguimos a Jesucristo, alimentándonos de la

---

32 Para este autor, los afectos son las características innegociables de la identidad pentecostal que tienen un inmenso valor porque constituyen el núcleo de su experiencia espiritual cotidiana, las marcas permanentes de su presencia en el mundo y los ejes que vertebran y modelan su presencia pública en los distintos contextos históricos en los que ellos se encuentran dando testimonio de su pasión por el reino.

comunión íntima con el Padre, bajo el impulso del Espíritu Santo y en peregrinaje fraterno con la iglesia. Esa espiritualidad no puede reducirse al marco de las exigencias activistas de la iglesia convertida en institución; tampoco a un cúmulo de experiencias espirituales extraordinarias, mucho menos al cultivo de una vida interior desconectada del mundo exterior y de la misión de Dios; tampoco a la satisfacción egoísta de las necesidades psicológicas o a la búsqueda de la autorrealización [...] (Segura 2002:28).

* Reflexionar sobre la espiritualidad es buscar las motivaciones más secretas de nuestra relación con Dios y encontrar una teología consistente con dicha relación. Es discernir el lugar de Dios en nuestro corazón y en nuestra experiencia de vida. Es permitir ser conducido al desierto, lugar de soledad, del encuentro con nuestra alma, para que allí, destituidos de toda ilusión e hipocresía, seamos confrontados con la realidad de nuestro carácter. Es discernir nuestro corazón, cuando todos los estímulos externos, y aun nuestra teología, ya no aportan más los motivos de nuestra integridad y amistad con Dios. Cuando todo lo que resta soy yo, con mi desnudez, y Dios, con su gloria y amor (Barbosa 2005:55).

* En realidad, hablar de espiritualidad es hablar de un estilo de vida que se orienta hacia el cumplimiento del propósito de Dios para la vida humana y la totalidad de la creación; se concreta en una manera de pensar, sentir y actuar coherente con Jesucristo como modelo de nueva humanidad, y depende del poder del Espíritu Santo. La espiritualidad es la puesta en práctica del discernimiento de la voluntad de Dios para la vida personal y comunitaria en todas sus dimensiones [...] La Espiritualidad es un don y una tarea; requiere de la comunión con Dios (*la contemplación*) y de la acción en el mundo (*praxis*). Cuando estas se separan, se produce una verdadera anomalía tanto en la vida como en la misión cristiana. La contemplación sin acción es evasión de la realidad concreta;

la acción sin contemplación es activismo vacío de un significado trascendente. La verdadera Espiritualidad exige de nosotros una contemplación misionera y una misión contemplativa (Padilla 2006:186–187).

UNA SÍNTESIS

A la luz del testimonio de las Sagradas Escrituras, y en diálogo con los seis puntos de vista señalados previamente, se puede definir la espiritualidad cristiana como un estilo de vida fundado en el testimonio de las Sagradas Escrituras y modelada por el ejemplo de Jesús de Nazaret. En otras palabras, como sentir, pensar y actuar bíblicamente, en la ruta cotidiana de seguimiento a Jesús de Nazaret encarnado, crucificado y resucitado, como un acto concreto de obediencia a Dios en el poder del Espíritu.

También se la puede definir como una manera de pararse frente al mundo o como una forma de sentir, entender y vivir la fe evangélica, fundamentada en el testimonio de las Sagradas Escrituras, nutrida por los principios innegociables de la buena noticia del reino de Dios, alimentada por la esperanza cristiana, y cuyo horizonte apunta a la nueva creación.

LAS PRÁCTICAS CORRIENTES

Varias fueron las prácticas corrientes de espiritualidad al interior de las comunidades pentecostales que pueden explicar por qué el producto final fue congregaciones y creyentes alienados de su entorno histórico, desmovilizados social y políticamente, masas de maniobra para regímenes opresivos, o instrumentos serviles a los poderes temporales. Entre otras resultantes de esa forma "reduccionista" de comprender la espiritualidad cristiana, se pueden mencionar los siguientes asuntos críticos, asuntos que hasta el día de hoy siguen afectando el rostro público de buena parte de las iglesias pentecostales latinoamericanas:

* Un rigorismo ético que limitó la santidad a la indumentaria y la apariencia personal.

* Una privatización de la fe que confinó la acción de Dios a las cuatro paredes del templo y que "secuestró" al Espíritu restringiendo su actividad a los asuntos "religiosos". Lo que explica la mentalidad de "catacumba" que todavía sigue presente en ciertos círculos pentecostales y su desconexión con los problemas sociales y políticos del entorno de misión.

* Una esperanza diferida al más allá que castró toda preocupación por la construcción de una sociedad más justa e inclusiva, un espacio común más "habitable" para todos los seres humanos, una comunidad humana más solidaria y libre de todas las opresiones.

* Una relación iglesia-mundo en la cual se contrapuso la fe a las obras, lo sagrado a lo profano, lo secular a lo espiritual, lo celestial a lo mundano. El resultado fueron conductas "esquizofrénicas" que hasta hoy torpedean el testimonio cristiano. Pero también se puede hablar, actualmente, de un aprovechamiento pragmático de esa situación utilizando como pretexto una "conversión" a los asuntos sociales y políticos por parte de ciertos caudillos evangélicos o carismáticos y de una clase media "creyente" acostumbrada a disfrutar de los beneficios temporales que el poder temporal otorga.

Lo que al parecer hizo falta en todos estos años, si se tiene en cuenta lo señalado hasta este momento, fue comprender la dimensión pública de la santidad y entender que la justificación por la fe tiene una dimensión social y política incuestionable. En otras palabras, si la conversión cristiana exige que el creyente mire más allá de sus intereses y preocupaciones individuales, la espiritualidad cristiana no puede estar confinada al ámbito privado de la vida, o reducirse a prácticas religiosas desconectadas de la realidad histórica.

LA RELIGIÓN DE CONSUMO

La llamada postmodernidad, con su énfasis en lo lúdico y su invitación al disfrute de los placeres temporales, ha generado nuevas actitudes sociales en los seres humanos. Estas actitudes sociales "postmodernas", conectadas especialmente con el consumo de bienes que la sociedad contemporánea ofrece a sus clientes habituales, conducen finalmente a una gratificación pasajera que proporciona a los consumidores un sentido de pertenencia al mundo global de este tiempo. Así, como consecuencia del predominio de las actitudes sociales posmodernas, se ha configurado en años recientes lo que podría llamarse la "religión del consumo", la cual tiene características específicas.

La "religión de consumo" con sus catedrales (los *malls* o megaplazas), sus lugares habituales de culto (*fast food shops* o tiendas de comida rápida), su rito de iniciación (*bank account* o cuenta bancaria), su credencial de miembro (*credit card* o tarjeta de crédito), sus lugares preferidos de oración (las cabinas de internet) y sus espacios para la práctica de las disciplinas espirituales (los *gyms* o gimnasios), parece estar imponiéndose en los distintos escenarios sociales y culturales que conforman la inmensa aldea global contemporánea. Dentro de un contexto de retorno a lo sagrado, marcado por el individualismo y el consumo, y en el que el mercado decide la agenda de la iglesia (Barbosa 2005:12), la religión:

> [...] se está transformando en un producto más en la vitrina del vasto mercado de consumo. Está siendo reducida a una experiencia individual, utilitaria y desconectada, no solo de la ética y de la moral, sino también del alma y del corazón del sur humano [...] Hoy la persona vale más por lo que posee y puede ofrecer, que por aquello que es [...] (Barbosa 2005:12).

¿Qué respuesta bíblica tenemos para esta moderna religión que está cautivando la mente de millones de seres humanos —evangélicos y no evangélicos— y que está modelando nuevas conductas individuales y colectivas? ¿No explicará esto los cambios bruscos que se ha tenido en la liturgia de nuestras congregaciones en los últimos años convirtiendo a los cultos en espectáculos agradables a los ojos, la aparición de modelos pastorales orientados a "gerenciar" las congregaciones locales como si fueran empresas a las que se exige "rentabilidad" traducida en ganancias materiales, la aparición de enormes imperios religiosos en los cuales los "ungidos de Dios" parecen clones de los ricos y famosos de la industria cinematográfica mundial?

EL PUNTO DE PARTIDA

Si la vida cristiana comienza con la conversión, la cual incluye el arrepentimiento de los pecados personales y sociales, la justificación por la fe, el nuevo nacimiento, y un cambio de mentalidad y de normas de vida, esa conversión o transformación radical de toda la existencia, si reclama una raíz y un contenido bíblico específicos, tiene que expresarse visiblemente en la adopción de un estilo de vida totalmente distinto del que impera en la sociedad circundante.

En consecuencia, no se debe separar en planos irreconciliables la vida privada de la vida pública, la santidad personal de la santidad social, la justificación por la fe de la lucha por la justicia social aquí y ahora, la esperanza cristiana de una preocupación por todas las necesidades humanas, el amor al prójimo de la defensa de la dignidad humana. En otras palabras, se requiere tener una comprensión más bíblica de la espiritualidad, entendiendo que el propósito de Dios apunta a la reconciliación de todas las cosas.

UNA AGENDA PARA ESTE TIEMPO

De los muchos temas teológicos conectados con la misión de Dios que podrían discutirse en el seno de las iglesias pentecostales, porque están íntimamente relacionados con una espiritualidad integral que estas comunidades necesitan incorporar, para que su peregrinaje colectivo sea más fiel al propósito de Dios, se proponen los siguientes debido a su relevancia para nuestro contexto histórico:

* El arrepentimiento y las señales visibles de la transformación de la vida.

* La justificación por la fe y el testimonio público de la persona justificada.

* Las comunidades pentecostales como sociedades alternativas y canales de liberación.

* El martirio como señal del seguimiento al Cordero en las relatividades del tiempo presente.

* El discurso teológico pentecostal como reflexión crítica desde la periferia del mundo.

* La praxis pentecostal como amor por la vida y defensa de la vida.

* La esperanza pentecostal como crítica a los reinos de este mundo.

Cada uno de estos temas jalona compromisos específicos que en conjunto articulan una comprensión y práctica integral de la misión. Así, por ejemplo, las señales visibles de una vida transformada tiene que manifestarse en acciones sociales y políticas orientadas al bien común. El testimonio público de la persona justificada debe expresarse en acciones concretas como la defensa de la vida humana en una sociedad que le niega a los excluidos el derecho de ser tratados como seres humanos. El martirio, como señal de seguimiento al Cordero, tiene que traducirse en una lucha frontal contra todos los poderes que se oponen al propósito de Dios, sean estos políticos, económicos o religiosos. El discurso teológico pentecostal, como reflexión crítica desde la "otra orilla" de la historia, debe reflejar en su contenido y vivencia las expectativas de los pobres y los oprimidos, antes que responder a los temas que la "academia" y las iglesias del Norte del mundo proponen como agenda que se tiene que seguir a "pie juntillas". Finalmente, la esperanza pentecostal como crítica al carácter efímero de los reinos de este mundo, nos debe recordar que nuestra meta no se agota en el plano histórico, sino que lo trasciende, y que nuestra misión integral no finalizará hasta que la paz (*Shalom)* de Dios sea plenamente instaurada.

Capítulo 5

PENTECOSTALISMO Y LIBERACIÓN INTEGRAL

Identidad, teología y praxis

¿Quiénes son los pentecostales? ¿Cuáles son los rasgos distintivos de su identidad que diferencian a este sujeto religioso específico de otros movimientos religiosos como el carismático o el neocarismático? ¿Qué elementos configuran su teología? ¿Cómo se relacionan con la sociedad circundante y la comunidad política? ¿Es el movimiento pentecostal, actualmente, un vehículo colectivo de liberación integral o un instrumento del sistema predominante para domesticar a los pobres y excluidos? Estas son las preguntas que encaramos en este capítulo. Aquí se discute hasta qué punto la teología y práctica misionera de las iglesias pentecostales se orientan a una liberación de todas las opresiones que encadenan al ser humano.

Una afirmación básica es que el Dios de la Biblia, siendo el Dios de la vida que ama y defiende la vida, libera de todas las opresiones. En consecuencia, para un pentecostal que ha sido liberado por el Dios de la vida de las cadenas de opresión que lo mantenían postrado en condiciones infrahumanas, no tiene que resultar extraño afirmar que la defensa de la dignidad de todos los seres humanos como creación de Dios, viene a ser una forma de vivir en el Espíritu. Así, más que una simple liberación de las "cadenas espirituales", la *praxis* pentecostal tiene como horizonte misionero una liberación integral que hace a los "andrajosos sociales", ciudadanos plenos; a los "sin voz", actores sociales y políticos; a los indefensos, artesanos de la paz; a los oprimidos, pregoneros de la justicia de Dios. Tiene que ser así, entre otras razones, «porque la iglesia pentecostal debe verse a sí misma no solo como un *locus* para la liberación personal, sino también como un *locus* para la liberación social», ya que «la misión de la iglesia incluye el compromiso de librar una lucha de poderes contra las estructuras de pecado y de maldad» (Villafañe 1996:173).

LA IDENTIDAD PENTECOSTAL

En este tiempo de proliferación de productos religiosos de todo tipo, pastores y líderes de las crecientes iglesias carismáticas asentadas principalmente en las ciudades, afirman que basta identificarse como "cristianos" a secas, sin apellido específico alguno. En otras palabras, sostienen que no importa mucho reconocerse como evangélico, ya que dicha palabra está "desprestigiada" en el Perú y América Latina y, por esa razón, resulta ser mucho más adecuado llamarse simplemente "cristianos".

Como respuesta a esa afirmación, se tendría que subrayar que en países como el Perú, la inmensa mayoría de las iglesias pentecostales se reconocen a sí mismas como evangélicas y, por eso mismo, pertenecen al Concilio Nacional Evangélico del Perú (CONEP)[33]. Esta entidad que representa a la mayor parte de la comunidad evangélica en este país, con su presencia cada día más notoria en la vida pública, ha logrado que los evangélicos

---

33 Este es el caso, por ejemplo, de la *Iglesia Evangélica Pentecostal del Perú* y de la *Iglesia Evangélica Pentecostal Misionera*, dos denominaciones pentecostales nacidas en el Perú. Lo mismo ocurre con otras denominaciones pentecostales como *Las Asambleas de Dios del Perú*, la *Iglesia de Dios del Perú* o la *Iglesia de Dios Movimiento Internacional*, que aunque en su nombre oficial no aparece el termino evangélico, están afiliadas al CONEP, y públicamente reconocen que forman parte de la comunidad evangélica peruana.

sean reconocidos como sujetos sociales y sujetos políticos clave para la afirmación y consolidación de la democracia.

Como miembro de una de las denominaciones vinculadas al pentecostalismo histórico, la Iglesia de Dios (Cleveland), creo que sí importa mucho reconocerse como evangélico, especialmente en la aldea global de este tiempo en que la ambigüedad y falta de una identidad precisa se presentan como dos problemas recurrentes. No es suficiente llamarse "cristianos", a secas, porque cuando no se tiene un "apellido" específico, la identidad se diluye o evapora, y uno puede convertirse en un simple "artículo" de consumo, dentro del amplio y variado mercado religioso contemporáneo.

Cuando uno afirma que es evangélico, reconoce que tiene un pasado específico, una historia particular y una herencia que preservar. En otras palabras, posee una memoria histórica y no es un amnésico, tiene una confesión de fe que le da una identidad teológica precisa, y lleva un "apellido" honroso del cual nunca se va a avergonzar, porque fue escrito con la sangre de sus ancestros espirituales, los mártires de la fe evangélica.

Pero existe también en este tiempo, aparte de la afirmación que hacen pastores y líderes de las iglesias carismáticas de que basta llamarse "cristianos" sin hacer referencia a un apellido religioso específico, otro problema que toca directamente a los pentecostales. Ocurre que un apreciable porcentaje de estudiosos del movimiento pentecostal, tratan como si fueran un mismo sujeto religioso, a los pentecostales, carismáticos y neocarismáticos, argumentando que todos ellos forman parte de una misma propuesta religiosa. ¿Cómo responder a esta "moda" académica en la cual parecen diluirse la identidad precisa del movimiento pentecostal y su lugar como un sujeto religioso colectivo, distinto a otros sujetos religiosos colectivos como el movimiento carismático?[34].

---

34 Ver, por ejemplo, los libros *An Introduction to Pentecostalism: Global Charismatic Christianity* (Anderson 2004) y *Global Pentecostalism: The New Face of Christian*

Quizás, como precisión operativa para el análisis de un determinado objeto de estudio, puede parecer apropiada la perspectiva inclusiva en la que se junta a pentecostales, carismáticos y hasta a los neocarismáticos, como si fueran sujetos religiosos que tienen una misma identidad, han seguido el mismo proceso histórico y poseen prácticas sociales y políticas parecidas en los diferentes marcos temporales en que están inmersos. Sin embargo, desde otro punto de vista, para este tipo de abordaje pueden formularse preguntas como las siguientes: ¿Se sugiere que no existe un sujeto religioso específico que puede identificarse claramente como pentecostalismo, un tanto distinto a otros sujetos religiosos específicos que emergieron en otros contextos históricos y que se denominan carismático y neocarismático? ¿No existen entre los pentecostales, carismáticos y neocarismáticos diferencias sustantivas de extracción social, énfasis teológicos, prácticas misioneras, expectativas sociales y conductas públicas, entre otras? Aquí se tendría que precisar que entre pentecostales, carismáticos y neocarismáticos, si bien pueden existir ciertos puntos de coincidencia, especialmente en el tema de la actualidad de los dones del Espíritu, no siempre esto indica que ambos se inscriben en la misma dinámica social y que tengan la misma racionalidad, la misma explicación, los mismos intereses[35].

Social Engagement (Miller and Yamamori 2007). Es ilustrativo tambien, para examinar este punto de vista, el articulo, «When Is a Pentecostal Not a Pentecostal? When She's a Charismatic! Responding to Irvin, Lopez and Waldrop» (Anderson 2007).

35 Samuel Escobar hace precisiones sumamente valiosas en las que diferencia claramente a los pentecostales clásicos de los carismáticos y neocarismáticos. De acuerdo con este autor: «Siguiendo la clasificación propuesta por David Barret, con mi propia modificación, se puede distinguir tres olas en el movimiento pentecostal de nuestro siglo. La primera es el *Pentecostalismo clásico*; la segunda ola es conocida como el *movimiento carismático*; y la tercera ola puede ser definida como n*eo-carismática* [...] La primera ola se vincula a la experiencia de "hablar en lenguas" que tuvo Agnes Ozman durante un servicio de sanidad divina en Topeka, Kansas, Estados Unidos en víspera del año nuevo de 1900, y que se vincula también a la figura de Charles Parham [...] Lo distintivo de este movimiento es el "hablar en lenguas" como prueba de que la persona ha recibido una unción o bendición especial del Espíritu Santo [...] Puede decirse que esta

Al respecto, se tendría que señalar que "modas teológicas" contemporáneas como la llamada "teología de la prosperidad" y la "guerra espiritual", entre otras, no son precisamente una fabricación pentecostal y no reflejan ni la teología común a todos los pentecostalismos ni las expectativas sociales y políticas que estos tienen en distintos contextos históricos. Precisamente aquí está presente una diferencia sustantiva que el pentecostalismo tiene con los carismáticos y los neocarismáticos, ya que particularmente en realidades como la del Perú y otros países de América Latina, los pentecostales todavía caminan entre los pobres y excluidos.

Mas aún, antes que dejar a un lado uno de los pilares del patrón quíntuplo (*Cristo como Rey que viene*, que la llamada teología de la prosperidad, más afín a la propuesta carismática y neocarismática, ha desplazado a un lugar secundario o la ha abandonado completamente) los pentecostales todavía proclaman el regreso del Rey y esperan el cielo prometido. Dos énfasis característicos de su escatología que son, por un lado, una crítica política a los reinos de este mundo que presumen de absolutos, y por otro, una denuncia pública del carácter efímero de todos

---

ola es una *forma popular del protestantismo* que luego evolucionó para conformar denominaciones como Las Asambleas de Dios, la Iglesia de Dios Pentecostal, o la Iglesia Cuadrangular. Hubo también brotes espontáneos de este tipo que surgieron en América Latina, siendo un caso ilustrativo el de la Iglesia Metodista Pentecostal de Chile [...] Algo diferente es la segunda ola conocida también como *movimiento carismático* que hacia la década del sesenta se extendió en el seno de las denominaciones protestantes antiguas como luteranos, anglicanos, presbiterianos, metodistas, o aun entre sectores católicos [...] La *glosolalia* o la sanidad divina son parte de este movimiento, pero *su característica sociológica no tiene las marcas de lo popular como en el caso anterior.* Como en general no forma denominaciones separadas, conserva las características sociológicas de las denominaciones dentro de las cuales se manifiesta [...] La tercera ola se puede definir como *neo-carismática.* Estaría representada por las nuevas iglesias sin tradición denominacional que algunos llaman "posdenominacionales". Son iglesias aparecidas en años recientes en los Estados Unidos alrededor de figuras carismáticas, sin preparación teológica, con un estilo de culto y de predicación tomados de la subcultura de los llamados "televangelistas". Tienen un marcado énfasis en la prosperidad, y desde Estados Unidos se ha exportado a otros países como las Iglesias Verbo de América Central [...]» (Escobar 2002:78–81).

los imperios humanos y de todos los señores temporales que presumen tener la última palabra en la historia.

En suma, el movimiento pentecostal, los carismáticos y neocarismáticos, no pueden ser tratados como si fueran un mismo sujeto religioso[36]. Las iglesias pentecostales ya tienen más de cien años de presencia misionera en el mundo, y aunque tienen un "sabor" distinto al de las otras iglesias evangélicas, debido a su comprensión de la persona y obra del Espíritu Santo en la iglesia y la sociedad, presentan sin embargo, tanto en su declaración de fe como en su práctica misionera, las marcas de la identidad evangélica: La herencia teológica de la Reforma, la pasión evangelizadora, la piedad personal, la postura anabautista, la ética puritana y una preocupación social que se expresa en una atención a todas las necesidades humanas[37].

Desde mi punto de vista, algunas de las diferencias marcadas que existen entre las iglesias pentecostales y las carismáticas y neocarismáticas, serían las siguientes:

1. Los públicos o auditorios humanos a los cuales se dirigen no son los mismos. Las iglesias pentecostales trabajan principalmente entre los pobres y excluidos, mientras que

---

36 Un teólogo evangélico latinoamericano, sobre las diferencias entre lo que él denomina *pentecostalismo criollo* con las nuevas corrientes pentecostales surgidas en los últimos años y los movimientos carismáticos dentro de las iglesias "tradicionales", señala lo siguiente: «En cuanto al primero [las nuevas corrientes pentecostales], creo que su diferencia con el pentecostalismo criollo es de orden cualitativo: se inscribe en otra dinámica social, relacionada con las condiciones y estratificaciones sociales generadas en la aplicación de las políticas económicas y sociales del "neoliberalismo"; tiene otra racionalidad, más vinculada al uso de medios creados por la "razón técnica" y empleados "desde arriba" sobre las nuevas condiciones, muy diferente de la "creación social" popular del pentecostalismo criollo. Genera, por consiguiente, otro tipo de adhesión, más ligada al "consumo de bienes religiosos" que a la incorporación activa a un sujeto religioso intencional [...] No es ese el caso de los movimientos carismáticos dentro de las iglesias ya establecidas. Estos, sin embargo, también difieren por originarse contra el trasfondo de una práctica religiosa protestante o católica ya establecida y en general dentro de los parámetros de la misma y por pertenecer, en su mayoría, a sectores de clase media, con sus características psicológicas y sociales propias [...]» (Míguez 1995:58–59).

37 Estas seis características son, según Samuel Escobar, las notas o las marcas distintivas de la identidad evangélica (Escobar 1982:16–18).

las carismáticas y neocarismáticas se dirigen principalmente a las clases media, media alta y alta de la sociedad.

2. Tienen mensajes distintos. Los pentecostales proclaman lo que ellos denominan el evangelio completo o el evangelio pentecostal (Cristo salva, sana, santifica, bautiza en Espíritu Santo y viene otra vez)[38]. En el mensaje carismático y neocarismático, debido a su énfasis en la "teología de la prosperidad" y en la "guerra espiritual", así como al uso que hacen de las "técnicas de mercadeo", casi no se anuncia el regreso del Señor, ya que enfatizan más bien el "el reino ya" o la idea de que se puede construir el reino de Dios aquí en la Tierra, sin necesidad de predicar la esperanza bienaventurada del regreso del Señor.

3. Tienen preocupaciones sociales y políticas distintas. Ya muchos han señalado que en las iglesias pentecostales los pobres y excluidos recuperan la palabra y adquieren conciencia de su dignidad como seres humanos. Han señalado, además, que en las pentecostales los pobres y excluidos tienen acceso inmediato a la salud y se convierten en líderes sociales en sus respectivas comunidades. En cambio, las iglesias carismáticas y neocarismáticas, están más preocupadas por disfrutar de los beneficios temporales que otorga el poder político y en instrumentar al Estado en beneficio propio. Esto explica asuntos como la intempestiva "avalancha" de pastores y líderes de iglesias carismáticas y neocarismáticas que se han presentado en los últimos años como candidatos a la Presidencia de la República y al Congreso Nacional en diferentes países latinoamericanos, repitiendo siempre el mismo discurso: «Dios nos ha llamado para ser cabeza y no cola, Dios ha revelado que

---

38 Aunque otros sectores del pentecostalismo clásico solo reconocerían el evangelio cuadrangular (Cristo salva, sana, bautiza en Espíritu Santo y viene otra vez). Más aun, según Donald Dayton, *el patrón de los cuatro puntos expresa con más claridad y de manera más transparente la lógica de la teología pentecostal* (Dayton 1991:9).

seremos presidentes o congresistas, Dios nos ha llamado para refundar moralmente a la nación».

4. En las iglesias pentecostales los creyentes aprenden a relacionar su fe con sus deberes ciudadanos en el "día a día", pues entienden que Dios camina con ellos en medio de vicisitudes del trajinar cotidiano; mientras que en las carismáticas y neocarismáticas se tiende más a una privatización de la fe lo cual que lleva a sus fieles a una despreocupación por la situación material en la que vive el prójimo. Este énfasis privatista de las iglesias carismáticas y neocarismáticas se nota especialmente en el contenido de sus cantos, en sus "gritos de guerra" en los tiempo de culto, y en las prédicas habituales de sus conductores espirituales.

5. Los cultos de las iglesias pentecostales siempre han sido cultos participativos en los cuales todos los creyentes pueden cantar, predicar, dar testimonio y orar públicamente. En las iglesias carismáticas y neocarismáticas los cultos son dirigidos por los "especialistas", las prédicas se parecen más a conferencias masivas orientadas a subir la "autoestima" de los fieles, se recorta la participación de ellos en el púlpito (los cantos especiales, los testimonios o las oraciones), y los cantos parecen ser una suerte de gimnasia colectiva que los desconecta de la realidad en la que viven.

Existen, quizás, como otros podrán señalar, más diferencias entre las iglesias pentecostales y las carismáticas y neocarismáticas. Aquí sólo me he limitado a subrayar algunas de ellas, tal vez, desde mi particular punto de vista, las más visibles y significativas.

LA TEOLOGÍA PENTECOSTAL

Actualmente se puede observar que, a diferencia de años anteriores, incluso desde el púlpito de las iglesias evangélicas y, entre ellas, las pentecostales, se sobredimensionan o enfatizan desmedidamente temas como el conflicto espiritual y las bendiciones materiales que, según los promotores de estos énfasis, Dios debe otorgar a sus hijos. ¿A qué se deben esos énfasis? ¿A una recuperación de la enseñanza bíblica sobre estos asuntos o a otros intereses religiosos y políticos?

Desde mi punto de vista, no se trata necesariamente de un "redescubrimiento" de estos temas de la Biblia, sino de la necesidad de justificar ideológicamente —con un disfraz religioso— los énfasis de la sociedad de consumo (comprar para ser alguien, poseer bienes como criterio de prosperidad material y para ganar prestigio, tener un nombre en la sociedad respaldado por señales visibles de riqueza material, entre otros). Esto puede explicar también la presencia de "modas teológicas", ya señaladas en otro momento, como las llamadas "teología de la prosperidad" y la "guerra espiritual".

Sobre estas dos "modas teológicas" contemporáneas, cuya presencia en América Latina no puede negarse y, como una forma de diferenciarla con la perspectiva teológica de las iglesias pentecostales, uno puede plantearse preguntas como la siguiente: ¿Qué aportes significativos están dando estas dos "modas teológicas" a la reflexión teológica en América Latina y, particularmente, a la teología pentecostal? Mi respuesta a esta pregunta sería que no están dando ningún aporte significativo al desarrollo de una reflexión teológica contextual en América Latina y, menos aún, a la elaboración de una teología pentecostal con sabor latinoamericano. La tendencia que estas "modas teológicas" pasajeras tienen a una ideologización de la fe, la cual ha llevado a sus entusiastas promotores a justificar religiosamente dictaduras militares y democracias que empobrecen cada día a los más pobres, revela que en lugar de contribuir a forjar una teología desde el contexto histórico de pobreza y exclusión en el que viven miles de pentecostales, su "teología" legitima el *statu quo* y hace poco caso a la dimensión estructural del pecado y a la dimensión social de doctrinas bíblicas como la justificación por la fe y la santidad. Precisamente dos temas que forman parte del evangelio completo que las iglesias pentecostales afirman y proclaman en las realidades históricas en las que dan testimonio del Dios de la vida.

A diferencia de aquellas iglesias que defienden las propuestas de las llamadas "teología de la prosperidad" y "guerra espiritual", dentro del amplio universo pentecostal, cada día se observa que un porcentaje bastante significativo de pastores y líderes, desde su propia realidad misionera, están comenzando a relacionar su piedad con los temas de la agenda pública y que, paso a paso, están articulando una teología que responde más apropiadamente a las necesidades materiales concretas y a los dilemas éticos que los fieles de sus congregaciones enfrentan cotidianamente. En otras palabras, estos pastores y líderes pentecostales han llegado a comprender que la teología se forja en la misión y que debe acompañar el peregrinaje de los creyentes "de a pie" en las realidades sociales y políticas particulares en que ellos están inmersos y transitan cada día como misioneros del Dios de la vida y artesanos de la paz de Dios.

La afirmación previa puede responder a las críticas de aquellos que todavía creen que todos los pentecostales son partidarios de una "huelga social" o viven de espaldas a la realidad, indiferentes ante problemas estructurales como la pobreza y la injusticia institucionalizada. Puede responder también a quienes consideran que los pentecostales necesitan del auxilio de otras comunidades evangélicas para preocuparse por todas las necesidades humanas, antes que solamente por los llamados asuntos espirituales. ¿Cómo se puede responder a estas críticas? ¿Qué pasos prácticos han dado o necesitan dar los pentecostales para demostrar que no son una suerte de "tarados sociales" o "despistados políticos", y que sus templos no son "fábricas sociales" en las cuales se producen "tontos útiles" al sistema predominante?

En realidad, los pentecostales no necesitan que nadie les preste "muletas teológicas" o "muletas ideológicas" para luchar por la justicia social y articular pasos concretos que los conduzcan a insertarse activamente en acciones políticas, como la lucha contra el flagelo de la pobreza. ¿Por qué? Entre otras razones, porque su propia opción misionera (el mundo de los pobres y excluidos) y su propia cristología (expresada en el evangelio pentecostal), tienen ya los ingredientes o insumos necesarios para que ellos aborden problemas históricos de largo plazo como la pobreza y la injusticia. Su opción misionera, poco antes o poco después, los lleva a darse cuenta de que los pobres necesitan el pan material y mejores condiciones de trabajo, los lleva a darse cuenta de que existen estructuras de pecado que deben ser transformadas para que no sigan desfigurando la dignidad humana. En tal sentido, temas clave de su cristología, como Cristo santifica, los obliga a pensar en la santidad social como una dimensión legítima y necesaria de su testimonio individual y colectivo en el mundo.

Lo señalado previamente, puede explicar por qué cada día es mayor el número de congregaciones pentecostales inmersas en acciones concretas de lucha contra la pobreza y defensa de la dignidad humana, especialmente mediante la atención directa a los problemas de educación, salud y alimentación de niños y adolescentes provenientes de familias que viven en situaciones de extrema pobreza. Puede explicar también, por qué están activas en diversas instancias de la sociedad civil organizada, junto con los no evangélicos, para resolver los problemas comunes que tienen los pobres y oprimidos, por ejemplo la escasez de pan y la carencia de servicios elementales como agua, desagüe y fluido eléctrico.

En suma, hace rato, sin necesidad de que otras "teologías" los empujen o catalicen nuevas formas de acción misionera, ya existen congregaciones locales que participan activamente en acciones de lucha contra la pobreza y en acciones de defensa de la dignidad de todos los seres humanos como creación de Dios (Miller and Yamamori 2007). Así, los pasos prácticos que ya se han dado para pasar de la caridad a la justicia social, de la benevolencia a las acciones sociales y políticas, han sido los siguientes:

* Inserción en la realidad misionera en que dan testimonio del Dios de la vida.

* Conocimiento de primera mano de los problemas sociales que afectan directamente a los pobres y excluidos.

* Creación de proyectos sociales orientados a la atención de tres derechos humanos fundamentales: alimentación, salud y educación.

* Defensa de la dignidad humana, denunciando públicamente los actos de violación de derechos humanos, y asumiendo la defensa de las víctimas de la violencia institucionalizada.

* Trabajo colectivo con otras organizaciones de la sociedad civil comprometidas en acciones de lucha contra la pobreza y en acciones de defensa de la vida.

Cada uno de estos pasos que se han dado en los últimos años en un número creciente de congregaciones, indican que en el movimiento pentecostal latinoamericano se fue experimentando un proceso de cambio de mentalidad teológica en el cual se fue comprendiendo el patrón quíntuplo de la teología pentecostal de una manera más integral. ¿Cómo se entiende actualmente en los sectores más "progresistas" del movimiento pentecostal cada uno de estos puntos que forman parte de la cristología pentecostal? ¿En qué sentido cada uno de ellos significan e implican buenas nuevas para los pobres y excluidos del mundo? Trataré de responder brevemente a estas preguntas que me parecen claves, aunque mi respuesta resulte reiterativa, pues con frecuencia me he referido casi a los mismos temas.

En primer lugar, proclamar que Cristo salva implica relativizar todas las ideologías o propuestas de factura humana que pretenden ser "caminos o rutas de salvación". Implica, además, afirmar que la persona que ha experimentado la salvación debe dar cuenta de ésta en el marco temporal en el cual está situado como ser humano de carne y hueso. En otras palabras, la persona que ha sido justificada por la fe en Jesús, tiene que estar comprometida con la justicia social, pues el justo por la fe tiene que ser agente de cambio social en el contexto histórico en el cual ha sido puesto como misionero del Dios de la vida que le ha dado una nueva vida.

En segundo lugar, proclamar que Cristo sana implica afirmar que los pobres y excluidos del mundo tienen acceso directo a la salud, dentro de una sociedad que les niega o dificulta la atención a ese derecho humano fundamental. Implica también afirmar que Cristo se preocupa por todas las necesidades humanas, por el ser humano completo, por todos los problemas —entre ellos la salud— que aquejan a los pobres y excluidos. Consecuentemente, este ingrediente del evangelio completo o del evangelio pentecostal tiene una dimensión social y política innegable, ya que constituye una crítica pública a todos aquellos que desde las posiciones de poder civil o religioso, muestran poco interés en la salud integral de los pobres y los excluidos.

En tercer lugar, proclamar que Cristo santifica implica dejar a un lado aquella perspectiva teológica individualista que entiende la santidad solamente como un llamado a ser "buena gente" o una "persona decente", olvidándose que la persona santa está llamada a tener una preocupación genuina por la condición social en la que vive el prójimo particularmente, el pobre y excluido. En consecuencia, afirmar que Cristo santifica tiene como correlato una inserción en el mundo de los miles de crucificados de este tiempo o las víctimas de la injusticia institucionalizada, es decir, exige la práctica de una santidad social.

En cuarto lugar, proclamar que Cristo bautiza con el Espíritu Santo implica afirmar de manera categórica que la defensa de la vida —particularmente la dimensión política de esta— es una forma legítima de vivir en el Espíritu. En otras palabras, quien ha sido bautizado con el Espíritu, está llamado a amar la vida, y por eso mismo, a defenderla, cualquiera sea la realidad social y política en la cual se encuentre, aunque esto implique en ciertas situaciones seguir la ruta del martirio, el cual, al fin y al cabo, es compartir el destino de su Señor y Maestro.

Finalmente, proclamar que Cristo viene otra vez, ya representa en sí mismo una crítica abierta a todos los señores temporales y a todos los imperios humanos, pues se denuncia el carácter efímero de aquellos y la temporalidad del poder que tienen. Pero implica también proclamar que ninguna sociedad humana puede compararse al reino de Dios, sin que esto signifique un llamado a la "parálisis social y política" o a una despreocupación por los asuntos de la agenda pública. En otras palabras, cada vez que las iglesias proclaman que Cristo viene, afirman que todos los poderes humanos son transitorios y todos los imperios humanos tienen límites precisos.

En consecuencia, el anuncio público de la venida de Jesús, tiene una connotación social y política que relativiza a los poderes humanos y anuncia el fin de los imperios de factura humana. Los pentecostales no deben olvidar entonces que proclamar que Cristo viene, no tiene que hacerlos ciudadanos irresponsables o convertir en sujetos enajenados de la realidad social y política en la cual viven, sino que debe insertarlos en esa realidad como embajadores de la reconciliación, artesanos de la paz, defensores de la verdad en un mundo de mentiras y medias verdades, y en profetas de la justicia de Dios. En otras palabras, tienen que ser misioneros responsables que se preocupen por todas las necesidades humanas, entendiendo que el prójimo necesita comer pan y salir de las condiciones infrahumanas en que se encuentra.

PRAXIS PENTECOSTAL

Aunque ya se ha tratado en la sección anterior, brevemente, varios asuntos relacionados con la praxis pentecostal, especialmente conectada con una ciudadanía responsable en las sociedades humanas en las cuales las congregaciones pentecostales están situadas, todavía se requiere explicar un poco más este tema medular. Al respecto, una simple observación del campo religioso latinoamericano, particularmente de los cambios que se han venido dando en el seno de la comunidad evangélica, da cuenta de que en los últimos años se ha estado abordando en diversas instancias el tema de la cultura, desde la perspectiva de la misión de la iglesia. A la luz de ese dato de la realidad, se pueden formular interrogantes como las siguientes: ¿Afectan los cambios culturales, particularmente la globalización del mercado, la práctica misionera de las iglesias pentecostales?

De una u otra manera, la forma en que se entiende la misión de la iglesia, puede ser afectada por factores externos como la globalización del mercado que, entre otras cosas, ha convertido a la religión en un artículo más de consumo y a los religiosos en meros consumidores de bienes religiosos adaptables al gusto o al paladar del cliente. En otras palabras, los cambios culturales no sólo están diseñando los puntos de agenda de la misión de la iglesia, sino también perfilando el contenido del mensaje que se debe proclamar e indicando cuál ha de ser el producto final de la misión de la iglesia.

Más aún, la misión de la iglesia puede ser vista como una empresa que puede ser manejada siguiendo los criterios de eficacia, eficiencia, rentabilidad, costo-beneficio, *marketing*, competitividad, entre otros. Además, los misioneros pueden ver vistos como agentes de venta de un producto que debe ser manufacturado para caerle bien al paladar del eventual cliente y que puede ser cambiado para asegurar la mayor rentabilidad posible. Así, la efectividad de la misión de una congregación local se mide en términos de números que se agregan a la relación de miembros, y el pastor de éxito es quien tiene congregaciones numéricamente grandes con varios cultos en un mismo día, viaja en asientos de primera clase en los aviones, se aloja en hoteles cinco estrellas localizados en lugares residenciales, y tiene un séquito de seguidores que le cuidan la espalda sin despegarse de él en ningún momento.

¿Cómo tener una comprensión más integral de la misión de la iglesia en la cual no se separe lo sagrado de lo profano, lo secular de lo espiritual, la proclamación verbal del evangelio de las buenas obras? Además de releer la Biblia desde nuestra realidad de miseria, opresión y explotación, se tiene que tejer una perspectiva de misión en la cual no se desconecte a los sujetos de la misión, o a los destinatarios de la buena noticia del reino, de la realidad histórica en la que viven como seres humanos de carne y hueso con múltiples necesidades humanas.

En la tarea de tejer esa perspectiva misionera integral, ayuda mucho tener en cuenta que los pentecostales poseen más "sintonía" y cercanía con los movimientos sociales de base, puesto que forman parte del "pueblo de a pie" y caminan, día a día, al lado del pueblo, de las victimas de la violencia institucionaliza. Siendo esta cercanía con el "pueblo de a pie", ya una inmensa ventaja, habría que llevarlos a entender que la política formal es también un terreno de misión en la cual ellos deben insertarse de manera responsable como ciudadanos con plenos derechos. Entre otras razones, porque si bien los movimientos de base, como las asociaciones de mujeres o los comités vecinales, pueden catalizar transformaciones sociales y políticas altamente significativas, aparte de una inserción en estos espacios ciudadanos, se requiere de cuadros políticos más cuajados, para asegurar y garantizar que las conquistas sociales y políticas de los pobres y los excluidos no sean una simple conquista pasajera o un logro momentáneo sujeto a los caprichos de los políticos de turno o al juego mezquino del poder.

Si esto está claro, se debe entender también que la iglesia, si pretende ser la iglesia de Jesucristo, está llamada a denunciar públicamente todas las formas de pecado individual, social y estructural. Está llamada a denunciar públicamente todas las opresiones que desfiguran y atropellan la dignidad humana. Cuando la iglesia cumple cabalmente con esta dimensión de su misión en el mundo, se embarca en la ruta de la liberación social y política, está siendo fiel a todo el consejo de Dios, está siguiendo la misma ruta que transitó el *carpintero de Nazaret*, su Señor y Maestro, está proclamando que la buena noticia del reino de Dios desacomoda a los acomodados y a los poderosos de este mundo.

BIBLIOGRAFÍA

Álvarez, Carmelo ed.

    1992   *Pentecostalismo y liberación. Una experiencia latinoamericana.* Costa Rica: DEI.

Anderson, Allan

    1999   «Global Pentecostalism in the New Millennium». En *Pentecostal after a Century: Global Perspectives on a Movement in Transition.* (JPTSup.15) Eds. Allan H. Anderson y Walter J. Hollenweger. Sheffield: Sheffield Academic Press: 209–223.

    2004   *An Introduction to Pentecostalism: Global Charismatic Christianity.* Cambridge: Cambridge University Press.

    2007   «When Is a Pentecostal Not a Pentecostal? When She's a Charismatic! Responding to Irvin, Lopez and Waldrop». *Journal of Pentecostal Theology* Vol. 16, N° 1 (octubre 2007): 58–63.

Archer, Kenneth

    2004   *A Pentecostal Hermeneutic for the Twenty-First Century: Spirit, Scripture and Community* (JPTSup. 28). London-New York: T&T Clark International.

Asambleas de Dios

    1999   «Pentecostal Mission and Social Concern». En *Mission as Transformation: A Theology of the Whole Gospel.* Eds. Vinay Samuel y Chris Sudgen. Oxford: Regnum Books International: 112–117.

Bastian, Jean-Pierre

    1997   *La mutación religiosa de América Latina: para una sociología del cambio social en la modernidad periférica.* México: Fondo de Cultura Económica.

Barbosa, Ricardo
2005   *Por sobre todo cuida tu corazón: Ensayos sobre espiritualidad cristiana*. Buenos Aires: Ediciones Kairós.

Barclay, William
1974   *Hechos de los Apóstoles* Vol. 7. Buenos Aires: Editorial La Aurora.

Barnet, Paul
1999   *Jesus & rise of Early Christianity: A History of New Testament*. Downers Grove: InterVarsity Press.

Berger, Peter
1999   «The Desecularization of the Word: A Global Overview». En *The Desecularization of the World: Resurgent Religion and World Politics*. Ed. Peter Berger. Washington-Grand Rapids: Ethics and Public Policy.

Bonilla, Plutarco
1998   «La misión de la iglesia según el libro de los Hechos». En *La Biblia en las Américas* Vol. 53, N° 5 (septiembre–octubre 1998): 12–16.

Bosch, David
1980   *Witness to the World: The Christian Mission in Theological Perspective*. London: Marshall, Morgan & Scott.

1993   *Transforming Mission: Paradigm Shifts in Theology of Mission*. Maryknoll, N.Y.: Orbis Books.

Bloesh, Donald
2000   *The Holy Spirit: Works & Gifts*. Downers Grove: InterVarsity Press.

Bruce, F. F.
1998   *Hechos de los Apóstoles: Introducción, comentario y notas*. Buenos Aires y Grand Rapids: Nueva Creación y William B. Eerdmans.

Bueno, David
2001   «The Struggle for Social Space: How Salvadorian Pentecostals Build Communities in the Rural Sector». *Transformation* Vol. 18, N° 3 (julio 2001): 171–191.

Campos, Bernardo
1997   *De la reforma protestante a la pentecostalidad de la iglesia: Debate sobre el pentecostalismo en América Latina*. Quito: CLAI.

Comblin, José
 1994 «Brasil: Base Communities in the Northeast». En *New Face of the Church in Latin America: Between Tradition and Change*. Ed. Guillermo Cook. New York: Orbis Books: 202–225.

Conn, Charles
 1995 *Like a Mighty Army: A History of the Church of God 1886–1995. Definitive Edition*. Cleveland: Pathway Press.

Cox, Harvey
 1995 *Fire from Heaven: The Rise of Pentecostal Spirituality and the Reshaping of Religion in the Twenty-First Century*. Reading, Massachusetts: Addison-Wesley Publishing Company.
 1999 «Foreword». En *Pentecostal after a Century: Global Perspectives on a Movement in Transition* (JPTSup.15). Ed. Anderson H. Allan y Walter J: Hollenweger. Sheffield: Sheffield Academic Press: 7–12.

Crews. Mickey
 1990 *The Church of God: A Social History*. Knoxville: The University of Tennessee Press.

Cullmann, Oscar
 1965 *Cristologia del Nuevo Testamento*. Buenos Aires: Methopress.

Dayton, Donald
 1991 *Raíces teológicas del pentecostalismo*. Buenos Aires: Nueva Creación.

Dempster, Murray, Klaus Byron, Douglas Petersen
 1999 «General Introduction». En *The Globalization of Pentecostalism: A Religion Made to Travel*. Eds. Murray Dempster, Klaus Byron y Douglas Petersen. Oxford: Regnum Books International. XIII–XVIII.

Escobar, Samuel
 1982 «¿Qué significa ser evangélico hoy?». *Misión* (marzo–junio 1982): 14–18, 35–39.
 1987 *La fe evangélica y las teologías de la liberación*. El Paso: Casa Bautista de Publicaciones.
 1994a «La presencia protestante en América Latina: Conflicto de Interpretaciones». En *Historia y Misión: Revisión de Perspectivas*. Eds. Samuel Escobar *et. al.* Lima: Ediciones Presencia. 8–56.
 1994b «The Promise and Precariousness of Latin American Protestantism». En *Coming of Age: Protestantism in Contemporary Latin America*. Ed. Daniel Miller. Boston-London: University Press of America. 3–35.

1994c «Conflict of Interpretations of Popular Protestantism». En *New Face of the Church in Latin America*. Ed. Guillermo Cook. New York: Orbis Books. 112–134.

1999 *Tiempo de Misión: América Latina y la misión cristiana Hoy*. Santa Fe de Bogotá-Guatemala: Ediciones Clara-Semilla.

2002 *Changing Tides: Latin America & World Misión Today*. Maryknoll, New York: Orbis Books.

Faupel, D. William
1996 *The Everlasting Gospel: The Significance of Eschatology in the Development of Pentecostal Thought*. (JPTSup.10). Sheffield: Sheffield Academic Press.

Fee, Gordon
1991 *Gospel and Spirit: Issues in New Testament Hermeneutics*. Peabody: Hendrickson Publishers.

1999 *God´s Empowering Presence: The Holy Spirit in the Letters of Paul*. Peaboby: Hendrickson Publishers.

Freston, Paul
1998 «Pentecostalism in Latin America: Characteristic and Controversies». *Social Compass* Vol. 45, N° 3 (setiembre 1998): 335–358.

Froehle, Bryan
1994 «Religion Competition, Community Building and Democracy in Latin America: Grassroots Religious Organization in Venezuela». *Sociology of Religion* 55: 2 (1994): 145–162.

González, Justo
2000 *Hechos de los Apóstoles*. Buenos Aires: Ediciones Kairós.

Gutiérrez, Gustavo
1986 *La verdad os hará libres: Confrontaciones*. Lima: CEP.

1988 *Teología de la liberación: Perspectivas*. Lima: CEP.

1989 *El Dios de la Vida*. Lima: CEP.

Haber, Paul
1997 «Social Movements and Socio-Political Change in Latin America». *Current Sociology* Vol. 45 (enero 1997): 121–140.

Hollenweger, Walter
1976 *El Pentecostalismo: Historia y Doctrinas*. Buenos Aires: Editorial La Aurora.

1986 «After twenty years´s research on pentecostalism». *International Review of Mission* Vol. LXXV, N° 297 (enero 1986): 3–12.

1988   *The Pentecostals. The Charismatic Movements in the Churches.* Peabody: Hendrickson Publishers.

1992   «The critical tradition of pentecostalism». *Journal of Pentecostal Theology.* Issue 1 (1992): 7–17.

1997   *Pentecostalism: Origens and Developments Worldwide.* Peabody (Massachusetts): Hendriksen Publishers.

Hong, In Sik
2001   *¿Una iglesia posmoderna?: En busca de un modelo de iglesia y misión en la era posmoderna.* Buenos Aires: Ediciones Kairós.

Horton, Wade Ed.
1966   *The Glossolalia Phenomenon.* Cleveland (Tennessee): Pathway Press.

Hui, Archie
2000   «Spirit-Fullness in Luke-Acts: Technical and Prophetic?». *Journal of Pentecostal Theology,* Isuue 17 (octubre 2000): 24–38.

Hunter A. M.
1957   *El hecho de Cristo: Una introducción a la teología del Nuevo Testamento.* Buenos Aires: Editorial La Aurora.

Ideele
1994   «En nombre de los inocentes: ¿Así se paga a quienes combaten a Sendero?». *Ideele* N° 64 (mayo 1994): 33–44.

Iglesia de Dios
1985   «Declaración de la consulta de líderes educacionales de la Iglesia de Dios: Desarrollo de un modelo pastoral pentecostal frente a la teología de la liberación». *Pastoralia* Año 7, N° 15 (diciembre 1985): 99–105.

1995   «Declaración de Quito». *Revista de la I Asamblea Sudamericana* (agosto de 1995): 4–6.

Johns, Cheryl Bridges
1993   *Pentecostal Formation: A Pedagogy among the Oppressed* (JPTSup.2). Sheffield: Sheffield Academic Press.

Keener, Craig
1996   *Crucial Questions about the Holy Spiirit.* Grand Rapids: Baker Books.

Land, Steven
1994   *Pentecostal Spirituality: A Passion for the Kingdom* (JPTSup.1). Sheffield: Sheffield Academic Press.

1996   «Orar en el Espíritu: La perspectiva pentecostal». *Concilium* N° 265 (junio 1996): 529–539.

Lalive d´Epinay, Christian
1968   *El refugio de las masas: Estudio sociológico del protestantismo chileno*: Santiago de Chile: Editorial del Pacífico S. A.

La República
1994   «Santosa Layme Béjar: Libertad». *La Revista Domingo de la República*, 20 de marzo de 1994, p. 6.

Larkin, William
1995   *Acts*. Downers Grove-Leicester: InterVarsity Press.

León, Héctor
2000   «Cuando querer es poder: Cumplir la Gran Comisión». *Kairós* N° 11 (2000): 7–8.

Lemopoulos, Georges
1990   «El ícono de pentecostés». En *Al viento de su Espíritu: Reflexiones sobre Camberra*. Ed. Emilio Castro. Ginebra: WWC Publications. 3–10.

López, Darío
1998   *Los evangélicos y los derechos humanos: La experiencia social del Concilio Nacional Evangélico del Perú 1980–1992*. Lima: CEMAA.

2000   *Pentecostalismo y transformación social: Más allá de los esterotipos, las críticas se enfrentan con los hechos*. Buenos Aires: Ediciones Kairós.

2002   *El nuevo rostro del pentecostalismo latinoamericano*. Lima: Ediciones Puma.

2004   *La seducción del poder: Los evangélicos y la política en el Perú de los noventa*. Lima: Instituto de Ciencias Políticas, Investigación y Promoción del Desarrollo *Nueva Humanidad*.

Mackay, John
1957   *Prefacio a la teología cristiana*. México-Buenos Aires: Casa Unida de Publicaciones-Editorial La Aurora.

1964   *Ecumenics: The Science of the Church Universal*. New Jersey: Prentice Hall, Inc.

1965   «Latin America and Revolution-II: The New Mood in the Churches». *The Christian Century* Vol. LXXXII, N° 47 (24 de noviembre de 1965): 1439–1443.

1969   *Christian Reality And Appearence*. Richmond: John Knox Press.

1970   *Realidad e idolatría en el cristianismo contemporáneo*. Buenos Aires: Editorial La Aurora.

Mann, C. S.

1967   «Pentecost in Acts». *En The Acts of the Apostles: Introduction, Translation and Notes*. Johannes Munck. New York-London-Toronto-Sidney-Auckland: The Anchor Bible Doubleday. 271–275.

Marshall Howard

1992   *The Acts of the Apostles*. Sheffield: JSOT press-Sheffield Academic Press.

1996   *The Acts of the Apostles: An Introduction and Commentary*. Leicester y Grand Rapids: InterVarsity Press y William B. Eerdmans.

McClung, Grant

1986   «Another 100 Years? Which Way for Pentecostal Missions?». En *Azuza Street and Beyond Pentecostal Missions and Church Growth in the Twentieth Century*. Ed. Grant McClung. New Jersey: Bridge Publishing Inc. 137–148.

Menzies, Robert P.

1999   «The Spirit of Prophecy, Luke-Acts and Pentecostal Theology: A response to Max Turner». *Journal of Pentecostal Theology* Issue 15 (Vol. 1999): 49–74.

Míguez Bonino, José

1995   *Rostros del protestantismo latinoamericano*. Buenos Aires: Nueva Creación.

1996   «Preface». En *Not by Might nor by Power: A Pentecostal Theology of Social Concern in Latin America*. Douglas Petersen. Oxford: Regnum Books International. ix–xiv.

1999   «Changing Paradigms: A Response». En *The Globalization of Pentecostalism: A Religion Made to Travel*. Eds. Murray W. Dempster, Byron D. Klaus, Douglas Petersen. Oxford: Regnum Books International. 116–123.

Miller Donald, Yamamori Tetsunao, Eds.

2007   *Global Pentecostalism: The New Face of Christian Social Engagement*. Berkeley-Los Ángeles-Londres: University of California Press.

Moltmann, Jürgen
>   1978   *La Iglesia, fuerza del Espíritu: Hacia una eclesiologia mesiánica.* Barcelona: Ediciones Sígueme.

Munck, Johannes
>   1967   *The Acts of the Apostles: Introduction, Translation and Notes.* New York-London-Toronto-Sydney-Auckland: The Anchor Bible Doubleday.

Newbigin, Lesslie
>   1961   *La familia de Dios: La naturaleza de la Iglesia.* México: Casa Unida de Publicaciones S. A.

Padilla, René
>   1999   «De cara al Cuarto Congreso Latinoamericano de Evangelización (CLADE IV)». *Iglesia y Misión* N° 67–68 (enero–julio 1999): 29–34.
>   2006   «La espiritualidad en la vida y misión de la iglesia». En *La fuerza del Espíritu en la evangelización: Hechos de los Apóstoles en América Latina.* Ed. C. René Padilla. Buenos Aires: Ediciones Kairós:183–212.

Paz y Esperanza
>   1999   *Déjame que te cuente: Testimonios desde las «nuevas» fronteras de misión.* Lima: Ediciones Paz y Esperanza.

Petersen, Douglas
>   1996   *Not by Might nor by Power: A Pentecostal Theology of Social Concern in Latin America.* Oxford: Regnum Books International.
>   1999   «Pentecostal: Who Are They?». En *Mission as Transformation: A Theology of the Whole Gospel.* Eds. Vinay Samuel y Chris Sudgen. Oxford: Regnum Books International: 76–111.

Petersen, David
>   1993   «The Motif of Fullfilment and the Purpose of Luke-Acts». En *The Books of Acts in Its First Century Setting Volume I: The Book of Acts in Its Ancient Literary Setting.* Eds. Bruce F. Winter and Andrew D. Clarke. Grand Rapids-Carlisle: William B. Eerdmans-The Paternoster Press: 83–104.

Pinnock, Clark
>   1996   *Flame of Love: A Theology of the Holy Spirit.* Downers Grove: InterVarsity Press.

Powers, Janet Evert
>   2000   «Missionary Tongues?». *Journal of Pentecostal Theology* Issue 17 (octubre 2000): 39–55.

Saracco, Norberto
1991   «Prólogo a la edición castellana». En *Raíces teológicas del pentecostalismo*. Donald Dayton. Buenos Aires: Nueva Creación. vii–xii.

Schultze, Quetin
1994   «Orality and Power in Latin American Pentecostalism». En *Coming of Age: Protestantism in Contemporary Latin America*. Ed. Daniel Miller. Boston-London: University Press of America. 65–88.

Schnackenburg, Rudolf
1989   *El mensaje moral del Nuevo Testamento I: De Jesús a la iglesia primitiva*. Barcelona: Editorial Herder.

Schweizer, Eduard
1984   *El Espíritu Santo*. Salamanca: Ediciones Sígueme.

Segalla, Giuseppe
1989   *Panoramas del Nuevo Testamento*. Estella (Navarra): Editorial Verbo.

Segura, Harold
2002   *Hacia una espiritualidad evangélica comprometida*. Buenos Aires: Ediciones Kairós.

Senior, Donald
1985   «Los fundamentos de la misión en el Nuevo Testamento». En *Biblia y Misión: Fundamentos bíblicos de la misión*. Estella: Editorial Verbo Divino. 188–422.

Sepúlveda, Juan
1989   «Pentecostalism as popular religiosity». *International Review of Mission* Vol. lxxviii, N° 309 (enero 1989): 80–88.

1992   «Reflections on the pentecostal contribution to the mission of the church in Latin America». *Journal of Pentecostal Theology* Issue 1 (1992): 93–108.

1994   «The Pentecostal Movement in Latin America». En *New Face of the Church in Latin America*. Ed. Guillermo Cook. New York: Orbis Books. 68–74.

Smidt, Corwin
1999   «Religion and Civil Engagement: A Comparative Analysis». *The Annals* Vol. 565 (setiembre 1999): 176–192.

Smith, Michael
1992   «Shining Path Urban Strategy: Ate-Vitarte». En *The Shining Path of Peru*. Ed. David Scott Palmer. London: Hurst and Company. 127–147.

Solivan, Samuel

1998   *The Spirit, Pathos and Liberation: Toward an Hispanic Pentecostal Theology* (JPTSup.14). Sheffield: Sheffield Academic Press.

Stam, Juan

1997   «Evangelio, cultura y pluralismo religioso: Confesión de convicciones personales». *Boletín Teológico* Año 29, N° 67 (julio–setiembre 1997): 7–27.

Stokes, Susan

1995   *Cultures in Conflict: Social Movements and the State in Peru.* Berkeley-Los Ángeles-London: University of California Press.

Stott, John

1988   *The Spirit, The Church and The World: The Message of Acts.* Downers Grove: InterVarsity Press.

1998   *Señales de una iglesia viva.* Costa Rica y Buenos Aires: IINDEF y Ediciones Certeza.

Stronstad, Roger

1999   *The Prophethood of all Believers: A Study in Luke´s Charismatic Theology* (JPTSup.16). Sheffield. Sheffield Academic Press.

Synan, Vinson

1997   *The Holiness-Pentecostal Tradition: Charismatic Movements in the Twentieh Century.* Grand Rapids-Cambridge: William B. Eerdmans.

Thomas, John C.

1991   *Footwashing in John 13 and the Johannine Community* (JSNTSup.61). Sheffield: Sheffield Academic Press.

1998   *The Devil, Disease and Deliverance:Origins of Illness in New Testament Thought* (JPTSup.13). Sheffield. Sheffield Academic Press.

Torres, Pedro

1995   *Sanidad en Isaías: Un enfoque en los cánticos del siervo.* Lima: Gráfica Maranatha S. R. Ltda.

Turner, M. M. B.

1982   «The Spirit of Christ and Christology». En *Christ the Lord: Studies in Christology presented to Donald Guthrie.* Ed. Harold H. Rowdon. Leicester: InterVarsity Press. 168–190.

Vaccaro, Gabriel

1990   *Identidad pentecostal.* Quito: CLAI.

Villafañe, Eldin
  1993   *El espíritu liberador: Hacia una ética social hispanoamericana.* Buenos Aires: Nueva Creación.

Wikenhauser, Alfred
  1960   *Introducción al Nuevo Testamento.* Barcelona: Editorial Herder.
  1981   *Los hechos de los apóstoles.* Barcelona: Editorial Herder.

Whiterington, Ben III
  1998   *The Acts of the Apostles: A Socio-Rhetorical Commentary.* Grand Rapids-Carlisle: William B. Eerdmans-The Paternoster Press.

Wilson, Everett
  1994   «The Dynamics of Latin American Pentecostalism». En *Coming of Age: Protestantism in Contemporary Latin America.* Ed. Daniel Miller. Boston-London: University Press of America: 89–116.